《国学经典藏书》丛书编委会

国学经典藏书

老　子

李先耕　译注

吉林大学出版社
长　春

图书在版编目（CIP）数据

老子 / 李先耕译注．—长春：吉林大学出版社，2020.8
（国学经典藏书）
ISBN 978-7-5692-6920-8

Ⅰ．①老… Ⅱ．①李… Ⅲ．①道家②《道德经》－译文③《道德经》－注释 Ⅳ．①B223.1

中国版本图书馆 CIP 数据核字（2020）第 157069 号

国学经典藏书：老子
GUOXUE JINGDIAN CANGSHU: LAOZI

作　　者：李先耕 译注
策划编辑：魏丹丹
责任编辑：李卓彦
责任校对：代景丽
装帧设计：蒋宏工作室
开　　本：880mm × 1230mm　1/32
字　　数：145 千字
印　　张：7
版　　次：2020 年 8 月第 1 版
印　　次：2023 年 7 月第 3 次印刷

出版发行：吉林大学出版社
地　　址：长春市人民大街 4059 号（130021）
0431-89580028/29/21
http://www.jlup.com.cn
E-mail:jdcbs@jlu.edu.cn
印　　刷：河北松源印刷有限公司

ISBN 978-7-5692-6920-8　　定价：32.00 元

编者的话

经典是人类知识体系的根基，是人类的精神家园，是我们走向未来的起点。莎士比亚说过："生活里没有书籍，就好像没有阳光；智慧里没有书籍，就好像鸟儿没有翅膀。"21 世纪中国国民的阅读生活中最迫切的事情是什么？我们的回答是阅读经典！

中国有数千年一脉相传、光辉灿烂的文化，并长期处于世界文化发展的前列，尤其是在近代以前，曾长期引领亚洲乃至世界文化的发展方向。长期超稳定的社会发展形态和以小农生产为基础的、悠闲的宗法农业社会，塑造了中华民族注重实际、过分地偏重经验、重视历史的文化心理特征。从殷商时代的"古训是式"(《诗经 · 大雅 · 烝民》)，到孔子的"述而不作，信而好古"(《论语 · 述而》)，可以清楚地看出这种文化心理不断强化的轨迹。于是，历史就被赋予了神圣的光环，它既是人们获得知识的源泉，也是人们价值标准的出处。它不再是僵死的、过去的东西，而是生动活泼、富有生命力，并对现世仍有巨大指导作用的事实。因而就形成了这样一种固定的文化思维方式，也就是"以铜为鉴，可正衣冠；以古为鉴，可知兴替；以人为鉴，可明得失"(《新唐书 · 魏徵传》)。中国的文化人世代相承，均从历史中寻求真理，寻求"修身、齐家、治国、平天下"的崇高理想模式。这种对于历史所怀有的深沉强烈的认同感，正是历史典籍赖以发展、繁荣的文化心理基础。历史上最初给历史典籍的研究和整理工作涂上政治、道德和伦理色彩的是春秋时期的孔子。当时的孔子因感“周室微而礼乐废、《诗》《书》缺”，于是乃删订了《诗》《书》《礼》《乐》《易》《春秋》等“六经”（见《史记·孔子世家》），寄托了自己在政治上“复礼”和道德上“归仁”的最高理想。孔子以后，历史典籍的编撰无不遵循着这一最高原则。所以《隋书·经籍志》总序中就说：“夫经籍也者，机神之妙旨，圣哲之能事。所以经天地，纬阴阳，正纲纪，弘道德，显仁足以利物，藏用足以独善……其王者之所以树风声，流显号，美教化，移风俗，何莫由乎斯道？……其教有适，其用无穷，实仁义之陶钧，诚道德之橐籥也。……夫仁义礼智，所以治国也；方技数术，所以治身也。诸子为经籍之鼓吹，文章乃政化之黼黻，皆为治国之具也。”（《隋书·经籍志一》）由此可见，历史典籍的编撰整理工作，已不仅仅是文化技术问题，更重要的是它还负有“正纲纪，弘道德”的政治和道德使命。于是，在两千多年的历史发展过程中，先人们为我们留下了汗牛充栋的文化典籍。这些宝贵的精神财富，不仅是我们中华民族的骄傲，也是全人类的骄傲，并已成为世界文化宝藏的重要组成部分。

中国的先哲们一向对古代典籍充满崇敬之情，他们认为，先王之道、历史经验、人伦道德以及治国安邦之术、读书治学之法等等，都蕴藏于典籍之中。文献典籍是先王之道、历史经验、人伦道德等赖以传递后世的重要手段。离开书籍，后人将无法从前朝吸取历史经验，无法传承先王之道。在日新月异的当代，如何对待这份优秀的文化遗产？毛泽东同志早就指出：“中国的长期封建社会中，创造了灿烂的古代文化。清理古代文化的发展过程，剔除其封建性的糟粕，吸取其民主性的精华，是发展民族新文化、提高民族自信心的必要条件。……中国现时的新文化也是从古代的旧文化发展而来,因此,我们必须尊重自己的历史,决不能割断历史。但是,这种尊重是给历史以一定的科学地位,是尊重历史的辩证法的发展,而不是颂古非今。"(毛泽东《新民主主义论》)古代典籍,不仅对中华民族的形成与发展历史地发挥了巨大的凝聚力作用,而且在当今中华民族伟大复兴中,依然会发挥无可替代的重要作用。

在科学技术迅猛发展的当代社会,人们的生活、观念正在发生着巨大而深刻的变革,面对蓬勃发展的现代科技和汹涌而至的各种思潮,人们依然能深切地感受到中国传统文化无所不在的巨大力量。人们渴望了解这种无形的力量源泉,于是绚丽多姿的中华典籍就成了人们首要的选择。它能够使我们在精神上成为坚强、忠诚和有理智的人,成为能够真正爱人类、尊重人类劳动、衷心地欣赏人类的伟大劳动所产生的美好果实的人。所以,在今天,我们要阅读经典;当数字化、网络化带来的"信息爆炸"占领人们的头脑、占用人们的时间时,我们要阅读经典;当中华民族迈向和平崛起和民族复兴的伟大征程时,我们更要阅读经典。因此,读经典,这个我们习以为常的平凡过程,实际上就成了人的心灵和上下古今一切民族的伟大智慧相结合的过程。但由于时代的变迁,这些经典对现代人来说已是谜一样的存在。为继承这份优秀的文化遗产,帮助人们更好地利用这些经典,在全国学术界诸多专家学者的支持下,我们策划了这套"国学经典藏书"丛书。

丛书以弘扬传统、推陈出新、汇聚英华为宗旨,以具有中等以上文化程度的广大读者为对象,从我国古代经、史、子、集四部典籍中精选50种,以全注全译或节选的形式结集出版。在书目的选择上，重点选取我国古代哲学、历史、地理、文学、科技、教育、生活等领域历经岁月洗礼、汇聚人类最重要的精神创造和知识积累的不朽之作。既注重选取历史上脍炙人口、深入人心的经典名著，又注重其适应现代社会的人文价值趋向。丛书不仅精校原文，而且从前言、题解，到注释、译文，均在吸收历代学者研究成果的基础上精心编撰。在注重学术性标准的基础上，尽量做到通俗易懂。我们相信，本丛书的出版，对提高人们的古代典籍认知水平，阅读和利用中华传统经典，传播中华优秀文化，提高人们的民族自信心和文化自豪感，进而为中华民族伟大复兴做贡献，均将起到应有的作用。高尔基说："书籍是人类进步的阶梯。""要热爱读书，它会使你的生活轻松，它会友爱地帮助你了解纷繁复杂的思想、感情和事件；它会教导你尊重别人和你自己；它以热爱世界、热爱人类的情感，来鼓舞智慧和心灵。""当书本给我讲到闻所未闻、见所未见的人物、感情、思想和态度时，似乎是每一本书都在我面前打开一扇窗户，并让我看到一个不可思议的新世界。""每一本书是一级小阶梯，我每爬一级，就……更接近美好生活的观念，更热爱这书"(《高尔基论青年》，中国青年出版社 1956 年版)。流传千年的文化经典，让我们受益匪浅，使我们懂得更多。正如德国著名作家歌德所说："读一本好书，就是和一位品德高尚的人谈话。"的确，读一本好书，就像是结交了一位良师益友。我们真诚希望，这套经典丛书能够真正进入您的生活，成为人人应读、必读和常读的名著。

陈　虎

庚子岁孟秋

前　言

老子是中国最古也是最伟大的哲学家，是道家思想的创始人。根据司马迁的记载，《老子》一书是孔子之前的老子所作。老子姓李，名耳，字聃，是楚国苦县厉乡曲仁里人（其故地在今河南鹿邑县东），曾经担任过“周守藏室之史”——国家图书档案历史馆馆长。众所周知，华夏文明是世界古老文明中唯一一个不曾中断过的文明，而且中国是世界上历史记载最完善的国家。“以史为鉴”是中国历代政治思想家的共同态度。老子可以说是对此进行理论总结的第一人。我们认为，夏、商、周三代是华夏文明基本面貌的确立时期，老子正是以其独特的身份和长期的人生阅历对当时的文明历程进行了深入的思考与批判。这一反思对其后的百家争鸣以及华夏文明的发展有着巨大而持续的影响。只要看一看从战国到汉朝的“黄老之学”，以及魏晋之后的“老庄玄学”对当时的政治生活以至思想潮流所起到的作用就可以知道了。

对司马迁的记载，从汉至魏晋无人怀疑。据说北魏崔浩是第一个怀疑《老子》不是老聃所作的人，不过没有产生什么影响。由宋至清怀疑者渐多，近现代，特别是在疑古思潮的代表——《古史辨》上所刊登的怀疑文章，对老子其人其书提出了许多疑点。比如有人认为《老子》一书产生在《吕氏春秋》与《淮南子》之间，更有人说在《淮南子》之后，还有人干脆就否定老子这个人的存在，认为“老子其人乃庄周后学所捏造”。怀疑论的反对者则认为那些疑点是可以解释的。最有说服力的证据是地下考古发现。一九七三年冬，长沙马王堆汉墓帛书《老子》甲、乙本的出土，证明了《老子》是先秦古籍。一九九三年冬，湖北荆门郭店楚墓竹简本甲、乙、丙三组《老子》的出土，更说明《老子》一书早在战国中期以前就已经存在。

在对出土古《老子》的看法上，一般认为，马王堆帛书本《老子》虽然同今本有许多文字上的差异，而且“德篇”在前，“道篇”在后，一些章次也同今本有所不同，但是这些差异远远小于它跟今本的相同处。比如“德篇”在前的排序，从韩非子的注释到严遵的《老子指归》就是这样。可见这种顺序本来就是《老子》流传过程中的一类。而八十一章的分章，也不过是王弼等的一家之言，历来就有不同意见，帛书与此有异并不足怪。

但是对郭店楚简本《老子》三组的看法，许多研究者大异其趣。我们认为在郭店楚简本之前已经出现了一个五千余言的《老子》传本。因为如果当时没有如同今本的《老子》，而仅仅有多种“老子语录”在社会上流传的话，那就很难设想郭店的三种文字均见于今本《老子》。而三种除了甲、丙都抄录了今本第六十四章后半之外，竟无一重复。这最为合理的解释似乎是，他们是为了不同目的而从类似今本的《老子》一书中摘抄出来的。

不过众多的考古发现告诉我们，今天所见的先秦古书其真伪绝非一言可以论定。因为这些古书的写作并不像今天这样是由一位作者写成的，它往往是既有开创者，又有增补者、修订者——那时并没有今天的著作权、知识产权之类的概念。也就是说，在长期的流传过程中，古书一般都要经过较大的改动变化。它往往会成为一个学派的文件汇编，或者在不断地修改过程中逐渐完善。当然不同的本子也会有不同的面貌，反映不同的时代特色。比如郭店本《老子》、帛书本《老子》跟今本的异同就可以如此理解。

《老子》一书历来注释者甚多，同时也为研究中国思想史、文化史等方面的学者所关注；在国外，它也是中国古籍中译本最多的著作。二十世纪五十年代中国学术界对老子思想曾有过热烈的讨论，但那时主要关注于老子哲学是唯心主义还是唯物主义之类。我们以为，用西方哲学的观点，即以认识论、存在论为核心，来分析中国历史上的思想家往往难以成功，特别是老子这样的思想家。从东西方对比来说，老子所说的"无"恰恰相当于古希腊巴门尼德、亚里士多德等人的"存在""是""有"等概念。因为印欧语里有系词"是"，而这些思想家正是利用这一系词的不同人称、分词形式来追问"是"是"什么"——这便是"形而上学"或"存在论"的由来。西方哲学的"存在"是至高无上的、普遍的存在，而中国思想史上的"有"，一般来说，却是个别的、具体的存在，二者不能等同（参见汪子嵩等人的《希腊哲学史》第一卷、第二卷）。我们知道，古代汉语在先秦时代根本没有系词，所以我们古代的思想家不会像古希腊学者那样提出问题。就以老子的"道"来说，它源于道路。郭店楚简本"道"字就曾三次使用其同义字"行"的异体字（甲金文的"行"字正像纵横交叉的十字路口，而石鼓文的“行”字中间还有一个“人”字，似乎是说人在路途。也许这提示我们，不要只从客观事物、客观规律来理解“道”，更应该从天人合一的角度来理解）来表示；从人行之路出发，老子用它来表示自己对宇宙、人生思考的追寻过程，这一追寻过程强调的是发现人与自然的和谐关系，希望的是人能效法自然，反对的是人对自然的异化。正像漫漫长路消逝于天地交合的边际一样，最终“道”代表了宇宙万物以及人自身的原始与归宿。它的不可言说，它的中空虚静，它的无边无际……都指示我们，“道”是至高无上的、唯一的存在（同时又是与人相合的存在）。可以说，老子从汉语的现实出发，在“形而上”的追寻上，开辟了一条中国式的探讨道路。这一点，即使是对汉语一窍不通，对中国思想家充满歧视与贬低的黑格尔也不得不勉强承认。

五千言的《老子》另一个引人注意之处就是它的辩证法。在老子看来，从人伦到物理，从认识到判断，高下长短，生死美恶，善不善，祸福……世界的一切都是相反相成的，无论是出生入死，还是沧桑巨变，这一切都是“道”的运行演化（反者道之动）。有人认为，老子的辩证法有些消极，而兵家、法家在人与人的关系上，从积极的角度发展了老子的思想。不过，就思想概括的深广来说，老子还是超出了同时以及后来的兵家、法家。还有人说老子是一个阴谋家，这不过是对老子辩证法的误读。

《老子》一书是以诗歌的形式来阐释哲理，所以尽管注家极多，但是注者见仁，说者见智，很难统一。加之历来流传版本众多，异文错简在所难免，这也给注释工作带来许多困难。考虑到

《老子》王弼注在中国思想史上的巨大影响，所以这本《老子》选用了武英殿聚珍版本、王弼注本作为底本，当然也用帛书本《老子》与郭店楚墓竹简本《老子》等进行校订。按丛书体例不应出校，但考虑到我们的最终文本跟通行王弼本、河上公本差异较大，所以不得不有所说明。本书分章依照王弼注本，章名标题据河上公注本加。一些章分段为主编所分。作为博学的史官和诗意的哲人，老子对汉语字词的运用，特别是一字多义、正义反义、相反相成的运用几乎成为一种艺术，我们的注释只好尽力予以阐释，有时不免词费，只能请读者原谅。我们的工作肯定有许多不足，希望读者能提出宝贵意见。

李先耕

2019 年 4 月

目 录

上 篇

下　篇

上篇

第一章　体道

〔题解〕

本章河上公注本名“体道”。它是老子对其基本理论框架的描述。诸如道、名，恒(常)、可，有、无，始、母，有欲、无欲，玄、妙等等词语都是全书所常用的对立统一术语。从一开始，老子就强调了“道”的不可言说性，也就是说，道是超验的、彼岸的，非概念所能阐释的。正是在这一点上，才有永恒的道。接着老子谈论“名”。我们知道，名辩思潮在先秦几乎席卷了当时所有著名的思想家。“名”本身有外在表现与内在本质的冲突，以前所谓的“形名”“名实”也是谈同一问题。而且“名”还有一个含义，即它往往是人化的、非自然的，因而是暂时的、非恒常的。“名”与“道”的关系要看它是在“可道”“可名”的领域还是在恒常的范围。在“可”的领域或许接近于名实关系或思维与存在的关系。从正面讲，“可”包含着主、客观两方面的许可，是向现实的转化。从反面讲，“可”是对恒常无限的否定，是对混沌的破坏。一种可能的实现，意味着无限多的可能的消失。“恒名”即下文的“无名”，是“恒道”之宾；“可名”即下文的“有名”，是“可道”之宾。老子对“可”的否定，意味着对恒常的追求。老子接着阐明虽然“道”是彼岸的，但正是它的运动演化（可以称为“物化”）才形成了此岸的天地万物。这一物化是一个从“始”到“母”的过程。“始”强调的是怀胎孕育之始，天地万物统一于混沌无名之象；“母”则为哺乳之母，天地万物从母体中分离，成一分为二之象。总之，“无名”是形容道体，是混一的不可名状。“有名”则状万物兴作，即从“道”“无名”“朴”中产生了纷纭可析的名实。可以说，这里的“无名”“有名”代表了世界从“道”产生万物的阶段性，即从孕育到分化。道的空灵玄妙使得人们只有在毫无欲望沾染的状态下才可以有所体察；道演化过程的千变万化却能激发起人心的欲望波澜。因此就存在着“观妙”“观徼”这两种不同的心境。但是它们同是对“道”的感应，人生由此而敞开了玄妙之门。

道可道，非恒道①；名可名，非恒名②。
无名，万物之始③；有名，万物之母④。
故恒无欲，以观其妙⑤；恒有欲，以观其徼⑥。
两者同出，异名同谓⑦；玄之又玄，众妙之门⑧。

〔**注释**〕

①道：本句的第一个“道”作名词用，第二个则作动词用。本文的第一个“道”是老子思想的中心，它既是宇宙万物的总根源，又是其总规律。但它是不可言说（言说即第二个“道”字）、不可指称的。可：可以，肯。但“可”倾向于客观环境，“肯”倾向于主观意愿。可道：可以言说。非：否定主谓的同一关系，在句子中可以翻译成“不是”。恒：王弼本作“常”，当是

避汉文帝刘恒之名讳，我们依照马王堆帛书本改。帛书、楚简所从的“恒”字，《说文》古文从月，《诗经》“如月之恒”是其例。甲骨文“恒”字有的从月，有的从弓；金文或与小篆相同。楚简《老子》本“恒”字五见，皆无心旁，作“亘”。《诗经》毛传解释“如月之恒”的“恒”为弦，即月相的上下弦。月相从初一朔的一钩新月，到初七、初八的上弦半圆，再到十五的整圆，进而成为二十二、二十三的下弦半圆，再变成月底的晦而黑暗，这就是“如月之恒”的“恒”蕴含的意义，即不停地周而复始地发展变化。老子用“恒”来表示时空的长久永恒，它是“道”演化的无限范围，也是演化中的“道”的自身。恒道：这才是老子思想中真正的道的状态，它不断发展变化，而又永久长存。但是只要一说出来，即所谓“一落言筌”，那就只能是具体的、暂时的道，而不再是永恒长存的“道”了。

②名：第一个用作名词，类似于今天的词语概念；第二个则用作动词，相当于命名。“名”的造字很有意思，《说文》解释说：“名，自命也。从口、夕。夕者冥也，冥不相见，故以口自名。”甲骨、金文同小篆。它本为事物的称号，用为动词则为命名、取名。引申为名义、名分，再引申为名声、名望。作形容词则是有名的。先秦以“名”与“形”或“实”相对，即所谓“形名之学”“名实之辩”，形成中国的“名学”。而老子则以他的“恒名”“无名”论启其源。“可名”的“名”是现实生活中命名行为的“名”，但其结果的“名”（名词性的）也不是长久永恒的“名”。

③万物：王弼本作“天地”，此从帛书。“无名”描绘的是“道”的本体，这是一种混沌未分的始源状态，所以称为“万物之始”。始：《说文》云：“女之初也。”正好用来形容这一始源状态（马叙伦说“始即胎字”）。

④母：甲骨、金文有其字，像女子跽（jì）坐形，而以两点突出其乳房，即能乳子者为母。老子用此与“始”别，以形容万物生长、欣欣向荣之境。“始”与“母”都是对“道”的描述，不过一是从统一谈的，一是从分散谈的。

⑤欲：《说文》云：“贪欲也。”《礼记·乐记》：“感于物而动，性之欲

也。”性是人的本性，而欲则是人的情志对外界事物所激起的反应和行动。“无欲”是说保持其本性而无感于外物所触生之情的状态。观：一般认为，“观”与“视”都类似非完成体动词，即着重于行为而不在乎结果，不过“观”比“视”更为认真、详审。其实，“观”更类似于完成体动词，不仅有其行为，而且强调其结果。妙：帛书从目旁，“眇”字犹“秒”“杪”，是微细、广远的样子。“观妙”是说永葆其本性者可以审视到道的深远高妙。

⑥有欲：是人的情志对外界事物所激起的有所欲望的状态。徼(jiào)：其本义为追求、求索、寻求，名词义则为边际。徼，帛书作口旁之噭，则应通“窍”，孔窍。帛书“噭”字前有“所”字，则应用作动词。因为孔窍空虚能受，所以动词义为归趋。“有欲”是触于外物而生之情，它源于感官，是道化之所（即感受到道演化的迹象），所以我们可以反观“道”的演化，使人悟其归趋，识其边际。无欲观妙，有欲观徼，这正是人心对道体与道化的两种不同体验。道体空虚——这是元气未判时的天地万物之始状态，人们只能在没有任何欲望，内心一片空灵的情况下才能领会其中的微妙深远。道化纷呈——这是万物并作的万物之母状态，人们可以在涌起欲望时体会到道的运化作用。这就是老子体道的双重性。

⑦前两句有的注家据王本，即“此两者同出而异名，同谓之玄”。帛书作“两者同出，异名同谓”，“出、谓”二字押韵，显然不能在“同”前断句。两：在古汉语中用来指称成双成对的事物，如车、屦（鞋）之类。“两者”我们认为是“名”与“欲”，它们代表了整个此岸的现象界。“同出”是说它们同出于彼岸的道；“异名”则是说分属于认知界与情志界；“同谓”则同是“道”的演化。谓：《说文》说是“报”。《说文解字段注》说：“引申凡论人论事得其实谓之报。”也就是说，尽管认知、情志诸名有异，但其演化皆从“道”来，所以我们能从中论“道”之实，得“道”之化。王弼本后面有“同谓之玄”一句，帛书本无，故删去。

⑧玄：是染丝过程中最接近黑色的红黑色，因为染丝需要很多次才能

染黑,这是一个先红后黑的过程,“玄”便是最临近黑的阶段,是在黑色中隐然可以见到赤色。就颜色来讲,“玄”可引申为赤黑或黑,故可像日落霞暗,渐入幽冥之天色;可喻幽远,可像天宇。老子借以讲道同的境界。“玄之又玄”,抛去前人的众多解释,其实它不过是形容“道”的幽远莫测。老子之义似乎是说,“道”之本体虚无不可得,“道”的规律博大不可知,“道”的准则就是人性的根本、人生的典范。世间一切变化,都源于虚无的“道”,所以“玄之又玄”才能成为“众妙之门”。妙:言其微妙、神妙。帛书作“眇”,本为眼小或目偏盲,或云同《庄子》的“深眇”,言其悠远,则与“妙”相近。但段玉裁认为:“《说文》无妙字,眇即妙也。”那么二字实通,甚或同源。

〔译文〕

道若是可以言说的道,那就不是永恒的道了;名若是可以用言辞命名,那就不是永恒的名了。

无名,那是天地万物的孕育;有名,那是天地万物的哺乳。

所以那恒久无欲的心态,可以审视这微妙虚无的道本;那恒久有欲的心态,可以反视这变化归往的道端。

两方面同从这道中化出,不同的名物却是同样的称谓,都可称之为幽远玄冥;玄妙而又玄妙,深远而又深远,这就是天地万物万千变化的、微妙的大门。

第二章　养身

〔题解〕

本章河上公注本名“养身”。本章分为两大部分，前面谈对立统一，后面谈“圣人”的无为而治。

这一章的开始论述美、善的相对性。虽然一属美学，一属伦理学，但它们都是人们在此岸世界的心态。王弼的“喜怒同根，是非同门”便说出了它们互为因果，反向同源。如果相貌一样，就无所谓美丽漂亮与难看丑陋。美的对立面是恶（丑），无美即无（丑）恶；有美即有（丑）恶。这是人们所了解的。而且老子明言，“美之为美”“善之为善”这种同义反复毫无价值，纵然“天下皆知”，也毫无意义。而且“知美”“斯恶”，“知善”“斯不善”——美、善，这就是恶，这就是不善。这种“知”只能向对立面转化。或许至善至美才能消除这种对立，因为至美无美，至善无善，这才是“无名”而永恒的存在。而在“有名”世界里，“知美”“知善”只能是相对的、变化的，因而也就极易向对立面转化。然后老子列举有、无，难、易，长、短，高、下，音、声，前、后这六对相反相成的概念，指出其互为依存。特别是第一对“有”

"无",汉语突出地体现"有无相生"。所以语言学家曾明白地指出,中国人是不会说"他有一个鼻子"这类毫无意义的废话的。因为不仅"他有",你也有,我也有……人人皆有,那么"他有"就毫无意义了。只有当一些情况下存在"无"(没有)时,说"有"才有意义。当你说"我想有个家"时,那是因为你没有真正属于自己的家。这是就汉语对有、无的运用——它们是互为前提、互相包容的。其实任何事物的有无都是如此。一切事物都只能是"无中生有"。生命的摇篮是无生的大海,人的前身是非人的灵长目动物。另一方面,一切事物的存在都只能转向其对立面,归结于无。能证明生的只有死,炽热的太阳终究也要冷寂。

本文后半段则论述"圣人"处世无为,行教不言,谦下而不占有,施为而不图报,不居其功所以成功。圣人指通晓事理大道的人,也指在位的君王。甲骨文"圣"字从耳从口从人,圣从耳,是说"耳顺",能"闻声知情"。楚简圣、声相通,是其明证。所谓"圣通"即通晓语言,能够先知。钱锺书言:"老子所谓圣者,尽人之能事以效天地之行所无事耳。"此乃理论意义上的圣人。而人伦社会上的圣人则近于天子。老子之"圣人"含此二义,而随语境变化其侧重有所不同罢了。要说明的是老子所特有的"无为"概念,经常被人误解。"无为"是指没有功利目的的作为,它是符合自然之道的。因此圣人"终日为而未尝为"——顺应自然而不强为、胡为。

天下皆知美之为美,斯恶已[①];皆知善之为善,斯不善已[②]。

故有无相生[③]，难易相成[④]，长短相形[⑤]，高下相盈[⑥]，音声相和[⑦]，前后相随[⑧]，恒也。

是以圣人处无为之事，行不言之教[⑨]；万物作焉而弗始，为而弗恃，功成而弗居[⑩]。夫惟弗居，是以弗去[⑪]。

〔注释〕

①美：按《说文》是大羊肥美。今人或以为“美”字像人头戴饰物舞蹈，盖指形貌。斯：这。楚简、帛书本均无“斯”字，语气稍轻；而下文言“善”，楚简有“此其”，帛书有“斯”。那么本句以有“斯”为好。已：止；或言通“矣”，等于今天的“了”字。恶：《说文》：“过也。从心，亚声。”又：“亚，丑也。”盖“亚”字像人鸡胸驼背之形，所以为貌丑。而“恶”即从“亚”引申而来，亦指形貌，故与“美”对。这两句话，一般人都注意到美恶的相对性。但是天下人所做的其实是“知美斯恶”——认识、知道美就是丑恶。也许这正是后来庄子要把毛嫱、丽姬这些美女看成丑人的源头吧。

②善：《说文》认为“从羊”。善即祥，是说两人用吉祥话语对讲。两字皆从羊，而羊是游牧社会最重要的衣食来源，这说明他们是源于畜牧社会的概念。祥指祈福佑羊，足人衣食；而“羊在六畜，主给膳也”，故又借为膳；而为众人建足衣食、美衣食之德，就叫作“善”。由此而产生伦理道德的价值判断。楚简、帛书均无“之为善”三字，不如今本整齐。不善，因为当时美恶是相对的；而后世美丑相对，善恶相对。当时却只能是善、不善相对。王弼概括章首至此云：“喜怒同根，是非同门，故不可得而遍举也。”天下万物，都处在矛盾对峙之中，美恶（丑）、善不善不过两例。

③故：所以。楚简、帛书无“故”字。盖不认为其有因果承接关系。

无:有无的“无”,楚简都作“亡”。相生:说明是互相生成。此后数句楚简、帛书“相”字前均有“之”字,句尾有“也”字。这就使得其句中前后联系更为紧密。本句实际上是说,说“有”的前提是“无”的存在,说“无”的前提是“有”的存在。

④相成:互相完成。难易相成:这是说,看到了做的困难,你才会周到地考虑,细致地实行。困难考虑得越多,对付困难的办法越多,行动起来就越有把握,越容易。反之,则会“大意失荆州”,“小河沟里翻船”。难包含了成为易的因素,易也蕴含了难的因子。

⑤形:形体。相形:等于说互相成形。有人说,“形”通“型”,模型。相形,等于说互相熔铸、包含。就其本义来讲,长、短也是互相比较的存在。几厘米对粉笔来讲是长了,但对油画笔来讲恐怕就不能算长了。空间如是,时间也如是。百年对人来讲是长寿,而对有几千年寿命的美洲红杉来讲只能是夭折。

⑥盈:王弼本作“倾”,帛书作“高下之相盈也”,楚简亦同。王弼本的“倾”应依帛书作“盈”,今本是避汉惠帝刘盈之讳而改。盈:充盈、包蕴。相盈:等于说互相盈满、补足。前述长短是无方向的标量,此处高下是有方向的矢量。但是量本身就是相对的。桌子比椅子高,屋顶比桌子高,楼房比平房高……正所谓“山外有山,天外有天”。

⑦音、声:意义相近,“音”古字形从舌,它的本义是言之声,也是“成文”之声,人化之声。声从耳,为所有之声,一切声源所发出的声响。声:楚简作“圣”,通借为“声”。和:和谐,调和。相和:互相和谐。音声相和,追求的是人与自然在音声领域的和谐。

⑧前:楚简作“先”,义同。按:前、后可指空间、时间,而先仅仅指时间。随:顺从。相随:等于说互相追随,无限循环。王弼总结说:“此六者,皆陈自然,不可遍举之明数也。”这六对矛盾的概念,既相反,又相成。一

般人见正面而忘反面，取相反而弃相成，这都违背了事理的自然统一。帛书此句后有“恒也”二字，等于总结说这六对矛盾周而复始，永恒运行。楚简本无“恒也”，全句为“先后之相随也”，则同今本无此总结。

⑨是以：因此。圣人：通晓事理大道的人，也指在位的君王。处事：即做事。处无为之事，是说用“无为”来处事。处，楚简、帛书作“居”。居、处义通，只是蕴含平居、日常之意。行不言之教，用“不言”来教导，就是否定了名目、概念、教令，而诉诸只能仿效体味的无声命令——直觉。

⑩万物作焉：万物兴作。帛书、楚简“焉”字为“而”字。弗：王弼本作“不”，楚简、帛书皆作“弗”。楚简、帛书《老子》“弗”“不”分用明显。估计现在王弼本的混淆是在汉昭帝之后。因为汉昭帝名“弗陵”，时人因为避讳而把“弗”字改成了“不”字。本书遵照楚简、帛书本“弗”“不”分用，后文同，不再说明。按：“作”重在创作，蕴含始义，所以“作”后言“始”；楚简、帛书正作“弗始”，不为之原始。（王弼本此句后有“生而不有”一句，有指私有，领有。生存即存在，故言“有”。楚简、帛书无此句，盖仅言“万物作而弗始也”就够了。）恃：有人说是“恃望其报”，虽增字解经，但大致不差。或言所恃为己能。或云“恃”为负恃依赖。功：指于国有功。弗居：不居功自傲。楚简无“功”字，句式更为整齐。

⑪夫惟：楚语，犹言只是、正因为。老子是将自然之天道用于人道，这是一种治国应帝王之术，也就是“无为”政治之术，所以才有弗始、弗恃、弗有、弗居这些否定纷争根源，以退为进，以“弗居”求得“弗去”的方略。

〔译文〕

天下都知道美是美，这就（是）丑了；天下都知道善是善，这就（是）恶了。

有跟无互相依生，难跟易互相完成，长跟短互相形容，高跟下互相充盈，音跟声互相应和，前跟后互相追随，这就是恒常。

因此，圣人用无为来处事，用不言来教化，任凭万物兴起而不去创始它，有所施为而不依仗它，功业成就而不居守它。正因为不居守它，所以才永存而不离开它。

第三章　安民

〔题解〕

本章河上公注本名“安民”。它可以分为两部分。

第一部分首先抨击“尚贤”政治在平等后面的不平等竞争。据说“尚贤”比依赖血源宗亲进步，以官禄酬多才之贤能似乎合乎平等竞争的原则。殊不知每个人的才能必然会有差异，因此平等竞争的“尚贤”对差异不同的个体来说并不公平，更不公正。就算我们有了一个统一的唯一的标准可以用来衡量才能，我们也不能认为一个才能少的人竭尽全力干了一个小时就应该低于一个才能多的人所干的一个小时。更何况，你悬起了一个“贤能”的目的，并且用“尚”加以引诱，掀起了一个争当贤能的竞争，这只会加剧人际关系的紧张，制造出许多矛盾。顺便说一句，儒家的“齐家”之类的观点，同样强调平等待人，避免偏颇。不过跟老子的侧重点有所不同罢了。接着分析货值问题：物本自然天生，人用物之使用价值而已，如食可充饥、水可解渴之类。但货是人化之物，故有贵贱以显其交换价值。“不贵”所否定的正是物物交换以至一般等价物在交换关系后面所隐藏的不平等的人际关系。可以说完全符合“强本抑末”，以农村自然经济为主的中国社会。但社会经济发展必然会有通货,贵金属必然担任这一角色。尽管黄金饥不可食,渴不可饮,但它却成为财富的标志。战国时谚云"长袖善舞,多财善贾";囤积居奇,牟取暴利;奢靡淫丽,光怪陆离。后来司马迁谈货殖,鲁褒言钱神,何尝不感慨言之。老子对此当然会有批判。最后分析的"可欲"包含了上面所"尚"之"贤"、所"贵"之"货","尚"和"贵"正是有意的显现诱导。有道者可以谈"无欲",但对"民"而言,只能说"不见可欲",因为现之必乱。名令人争,利令人夺(盗),精神物质都成为祸乱之源。看来尚与贵不仅启争酿夺,而且会以假乱真。人欲的不可测可见一斑。

第二部分指出"圣人之治"必须抛弃贤能智术,让民众纯朴健康,"无知无欲","使夫智者不敢为",才能天下太平。因为只有无知无欲才能返璞归真,即保有天生的自然纯真,不受文明世界滚滚红尘的污染。有人把"不敢"释为智者的深思熟虑,不轻易言谈,似不确。智者深知行为的目的,具有极强的功利主义。此实为害群之马,会扰乱纯真的世界,所以必须使他不敢有所作为。如果要"敢",则第七十三章有言,"勇于敢则杀"!

不尚贤,使民不争①。不贵难得之货,使民不为盗②。不见可欲,使民不乱③。

是以圣人之治,虚其心,实其腹④,弱其志,强其骨⑤。恒使民无知无欲,使夫智者不敢为也⑥。为无为,则无不治⑦。

〔注释〕

①尚:“上”的使动,使……居上,推崇、崇尚、举荐。帛书作“上”。贤:从贝,本指多财,引申则为多才、多、胜过诸义;此指多才多能之士。“世俗之贤”能言善辩,脱离正道而玩弄权术;离开质朴而追求文采,这就有“贤能”之称。尚贤简便易行,但“荣过其任”,就会导致过分的虚荣,就会引起人们去比较能力的大小而发生争执矛盾甚至伤害。

②贵:以……为贵,认为……贵重。货训财为一般意义;训化则强调通货、货币的流通、交换意义,言其功效变化莫测。

③欲:是情志感物之动。可欲:即所欲,指欲望的对象,也就是使情志感受、波动的事物。见(xiàn):即“现”字,呈现。“不见(现)”否定的是使这些事物有意显现的举动。民:王弼本后有“心”字,帛书作“民”,与以上两句均为四字一致。

④虚:使……空虚。虚心:一则除嗜欲,去烦乱。即排除可尚、可贵、可欲的干扰而自然纯静。二则心怀智,虚有智。取虚心能容之义。三则道体本虚,唯心虚才能体味大道。实:使……充实。实腹:有人用怀道抱一释之,有人用腹怀食释之。前者之“其”指圣人,后者之“其”指民众。因为怀道抱一是圣人体道之事;以食为天才是民众之事。或云,虚心,注重精神能容(甚至能体味大道);实腹,则注重物质生活。老子盖兼而有之,不过也有所侧重罢了。

⑤志:心志,但前贤多侧重于政治志向。正如前人所言“志生事以乱”,必须削弱他,淡化他,消释他。无知无欲,把他作为民生的骨干。或云心志、腹骨都是互文见义,是说满足人们的物质生活,净化人们的精神世界。

⑥恒:王弼作“常”,依帛书本改。

⑦本句帛书作“弗为而已,则无不治矣”,语气稍不同。盖王弼本似严

密的推理判断;而帛书本则是客观的叙述罢了。无为而治是老子的理想,消除一切功利目的,人们清静自化,自然就不治而治了。

〔译文〕

不尊尚贤能才气,使人们不用相争。不贵重难得宝货,使人们不做盗贼。不呈现动心的事物,使人们清静不乱。

因此圣人治理天下,要使他心灵虚空,要使他肚腹充实,要使他妄念削弱,要使他骨骼坚强。永远让人们没有妄念、贪欲,让自作聪明的家伙不敢胡为,用“无为”去做事,那就没有不太太平平的了!

第四章　无源

〔题解〕

本章河上公注本名“无源”。本章先描绘道的状态——冲（请注意其多义性）、渊，同时又指出其无穷无尽的作用及其“万物之宗”的地位。这里明确了“道”“象帝之先”这一超越天帝的特性，它说明了老子所具有的无神论倾向。而挫锐解纷，和光同尘，作为道的性质也被提了出来。

道冲，而用之或弗盈①。渊兮似万物之宗②。挫其锐，解其纷；和其光，同其尘③。湛兮，似或存④。

吾不知其谁之子，象帝之先⑤。

〔注释〕

①冲：帛书作“盅”。帛书句尾有“也”。道冲：是对道体的写状。冲有四个意义：涌，上涌；摇，旁摇；又借为童，义为幼冲；冲虚（其中空能容），还有冲冲、深广的样子。以上四义都是对道的写照，涌摇是说道向上下四方运动不息，深广形容道体无限，幼冲言其始，空虚状其形。弗盈：不之盈。此“之”即前面“用之”的“之”字，均指道。用之、弗盈：这是强调道用无

限,即无论如何变化,道的作用并不满,并不溢,并不尽。

②渊:回水;回旋之水。用来形容道的深远,回复无穷。况且老子喜欢用水喻道,因为水是柔下。宗:祖庙、宗庙;也指同祖的宗系;又引申为主。万物之宗:万物之祖,万物之统,也是万物之主。万物既由其生,亦主万物之化。这是就道与物的关系说的。

③挫:摧折。锐:锋芒。其:是特定意味的指示代词。挫其锐,解其纷:是说锐则易钝,锋芒毕露必先摧折;纷则易乱,头绪纷繁必先消解。所以无论何事何人,均应返璞归真,清静无欲,自然保全而无纷争。和:调和,谐和。光明与暗昧,从物理到认识都是对立的。光而不耀,似乎不可能,但自然界有球状闪电,宇宙有黑洞,所以不四射的光也是可能的。同:跟他相同。阳光下的尘埃是人所习见,老子才有和光同尘之句。或言尘,垢也。老子主张受天下之垢,故有同尘之喻。和其光,同其尘:指随俗而处,不露锋芒。要言之,此四句是就道用而言。老子用反推法取消文明的修饰,消解其不自然的矛盾,回复无知无欲的常态。这四句与第五十六章文字重出。但应是本章文字。

④湛:深沉;耽乐;浸渍;澄清;沉没。此处主要是沉没,形容道的空无。存:有,实有。不过前有“或”字,再加“似”字,这是因为道虽然是真实的最终存在,但感官上却不可捉摸,所以才加上“似或”二字。这仍是道体的写状。

⑤本句帛书乙作“吾不知其谁之子也?象帝之先”。其:道。先:祖。帝:天帝。这是说道的始源唯一性。有道然后有天帝。“谁之子”与“帝之先”相对。象:想象。这是说道原初之形象超越天帝,这种超越性正是道的本源性,所以用了一个“先”字。老子可说是超越天帝的第一人。

〔译文〕

道是深广的空虚,而作用却无穷无尽。渊深啊,像万物的宗主。挫折他的锋芒,解化他的纷乱;和合他的光亮,混同他的尘埃。深沉静虚似乎像真实的存在。

我不知他是谁的儿子,形象在天帝之先。

第五章　虚用

〔题解〕

本章河上公注本名“虚用”。其论述题旨有三：一是不仁，二是道的空虚无穷，三是人们应该“守中”。在说“天地不仁”时，此为自然之道，也就是天道；再说人道仿效天道，所以“圣人不仁”，此为推论。下面则以“橐籥”风箱之体用两喻天道，空虚言其体，无穷言其用。最后则言人道也应守中。本章主张“不仁”，颇遭人诟病。其实，仁为仁爱、亲爱、亲密，那么一定会有不爱而疏者在。天无意言说，无私无欲。但人有闻有言，有情有欲。这里仿效天之无情无欲，究竟是自然呢，还是不自然呢？但这都是今人之疑。对老子来讲，天人合一必归结为天，人道必然效仿天道，这是其理论之必然。

天地不仁，以万物为刍狗①；圣人不仁，以百姓为刍狗②。

天地之间，其犹橐籥与③？虚而不屈，动而愈出④。

多闻数穷，不如守中⑤。

〔注释〕

①仁:楚简本仅一见,写作上身下心,盖有人之仁心,才成人之自身。而常见的二人为仁这一写法,则强调它是人际关系的根本原则。但在老子看来,这只能是“人道”而绝非“天道”,所以天地不仁。不仁:有二义,一是凶残或浇薄,二是麻木不仁或痴顽。这里用后一意义,麻木不仁为无情,即不动感情。“天若有情天亦老”。正因为无情,才有下章的“天长地久”。大道天地无为需无情,而只有无情才能无为。以……为:把……当作。刍狗:前人解成并列的“刍草狗畜”,误。原来刍狗是古代祭祀时扎草把为狗,作为求福之用,是用完便丢的东西。这里用来比喻天地对万物的态度,也是用便用,弃便弃;既无爱,也无虐,无情无仁。有所仁爱必有所不仁爱,也就是有偏私。只有无仁无情才能无私自然。应该说这是自然界的真实面目。花红柳绿,非春之爱;飘零凋残,非秋之残。春不胜有“仁”名,秋不堪受“虐”称。在这点上人也不必自诩为“万物之灵”,人不过是自然界中万物万类之一罢了。万物并非为人而被创造出来的。

②圣人不仁:老子从来主张“人法天”,人道效法天道。所以真正的统治者——圣人应该跟天地一样“不仁”,无私情,毋施恩惠,不显仁爱地对待百姓。

③其:表委婉的语气词。犹:好像,喻词。与:王弼本作“乎”,楚简、帛书均作“与”;同为疑问语气词,“乎”字问的意味重,而“与”的疑讶味浓,且有南楚色彩,故改从简帛。橐(tuó):风袋、风箱。籥(yuè):气管。此以风箱喻天地,其间只是虚空。

④屈:本为无尾或短尾,引申为短、为穷、为尽、为竭。虚而不屈:天地犹风箱,虽中空而气流无穷,送风无尽。动而愈出:愈动愈出,运化不乏。此实喻道体虽虚,道用不竭。

⑤数:如果读成 shù,则为天数、理数、定数;如果读成 shuò,则是多、

屡的意思。多闻:王弼本作“多言”,据帛书本改。闻:是声响传入自己耳中,这符合老子清虚自守的态度。不过,闻虽被动,但求多闻却是主动。所以多闻博识必不能清虚自守,所以必“数穷”。数读 shù,则指人寿有限,庄子所谓“以有涯随无涯,殆已”。数读 shuò,则见闻愈多,其穷愈速。老子向来以为悟道与学习知识相反,所谓“为学日益,为道日损”。所以才有此说。同样,守中,保持内心的虚无清静,其实也是守道。

〔译文〕

天地没有偏私的仁,把万物当作草狗任其生灭;圣人没有偏私的仁,把老百姓当作草狗任其生死。

天地之中有什么?不就像个风箱一样吗?空空洞洞又无穷无尽,愈去运转愈能涌现。

见闻愈多寿命愈少,不如永远保守那空灵虚静的中道。

第六章　成象

〔题解〕

本章河上公注本名“成象”。它是用“谷神”“玄牝”来描述道，正所谓“不神之神”“不生之生”。前者说明道体空虚，道用不可测，体用皆无穷尽。后者说明道为万物之所从生，其生则玄，其所以生则微远无限。最后强调其绵延不尽。

谷神不死，是为玄牝①。玄牝之门，是谓天地根②。绵绵若存，用之不勤③。

〔注释〕

①谷：谷中虚，故以喻中空容物的状态。神：是指无形而又运行不息，所以这空灵也就是道。谷是泉水所出之处，故可喻道的始源。神不可测、不可知，故可喻道的玄妙神奇。谷状其虚，神言其灵，这就叫作“不神之神”。从“不死”言，也就是恒道了。玄牝(pìn)：言其生物而不见其所以生也。“牝”所从之“匕”在甲骨文中可以附着在任何一种动物之字上，以示为雌性，所以“匕”即雌性生殖器官，用来比喻母力。而“玄”为幽远，即“不见其所以生”。是：指代不死的“谷神”，也就是恒道。称为“玄牝”，是

因为万物之所从生，而且其生则玄，其所以生则微远微妙。玄状其幽，牝言其生，所谓“不生之生”。

②门：一开一合，象征天地往来无穷。是谓：这就是。根：树的根柢，比喻始基。天地根：即天地之始。当然再演化下去就是“万物之母”了。

③绵绵：形容连续不断，以形容恒常。同时“绵”通“昏”，即冥。冥冥，不可见。若存：表示道实有而体虚，故用“若”。勤：其义有二，一是劳倦，勤劳不息，用之不倦，引申为尽心竭力、尽……等义。二是劣、少、仅、能，盖取之不足。两义相反相成，此处盖主用第一义“尽”。就是说道的作用不尽。

〔译文〕

从虚空奔涌的元神不会死去，这就是微妙的母性。微妙的母性出生万物之门，这就是生长天地的本根。它连绵不断似乎永存，它的作用永远不尽。

第七章　韬光

〔题解〕

本章河上公注本名“韬光”。老子由“天长地久”这一自然现象从结果追问原因,回答是“不自生”“故能长生”。自生是自己产生自己。有如今天说生命产生于蛋白体或核糖核酸之“自我复制”,由此而有新陈代谢,生命延续。而天地无法自生,所以能长久。然后以人道仿效天道进行类推,指出“圣人”“后其身”“外其身”“无私”的行为,其结果必然是“身先”“身存”“成其私”。老子说明的是客观因果,并非主观有意识地去追求;如果有意识地去追求,那就变成“有为”了。

天长地久①。天地所以能长且久者,以其不自生,故能长生②。

是以圣人后其身而身先,外其身而身存③。非以其无私邪?故能成其私④。

〔注释〕

①天长地久:这是用天地喻长生久寿。天长地久是自然现象。有形

有生之物,皆有毁有死。而天地为万物生死的永恒舞台,无知无识,故能长久。

②以:引入原因小句。帛书本句尾有“也”字,更为常见。生:产生。自生:自己产生自己。生物万类皆自己产生自己,所谓“龙生龙,凤生凤,老鼠儿子打地洞”。而天地没法自己产生自己。这恰恰说明了以能自我复制为特色的“生物”不可能长生。自然天生,也无私无欲,这就是天道。

③后:使……在后。帛书作“退”,义通。谦下处卑,后退而不求先,这是圣人的作为。身先:是行为的结果,而不是目的。外:置身其外。全句是说社会上人欲横流,补品日进,还有名目繁多的“保健品”,天天服用,以求益身,适足以戕生;反不如清静无为,置之度外的好。同样,外其身而身存是结果而非目的。如果是目的那就是“有为”了。老子反对的并非一般的因果论,而是目的论、功利论。

④邪:帛书作“与”,义通。成:成就。老子主张人道效仿天道。前面说,圣人行为有此结果,而非目的。结果是自然而然,目的则是有所为(去声)而为(平声)。但二者实难在实际上区分。就其行迹或可与“临难不苟免”“置之死地而后生”相类。不过儒家、兵家积极进取,而老子求退不求进罢了。

〔译文〕

天长生,地永久。天地之所以能够既长又久,那是因为不自我复制产生,所以能够长生。

因此,圣人退身在后而在众人之先,把自身置之度外而能永存。这难道不是因为他的无私,所以最后成就了己私吗?

第八章　易性

〔题解〕

本章河上公注本名“易性”。本章以水喻“上善”。水是老子所喜爱的比喻,本章集中描述了水的七大优点。如前言,古之哲人喜用水喻者不少,但其立足点并不一样。老子赞赏水居下,与孔子“耻居下流”相反。孟子曾说:“今恶辱而居不仁,是犹恶湿而居下也。”双方价值取向正好相反。大家熟知孔子“逝者如斯夫”之叹,以水逝喻年华流逝。而孔子又有“知者乐水,仁者乐山。知者动,仁者静;知者乐,仁者寿”之言。朱熹注云:“知者达于事理而周流无滞,有似于水,故乐水;仁者安于义理而厚重不迁,有似于山,故乐山。‘动’‘静’以体言,‘乐’‘寿’以效言也。动而不括,故乐;静而有常,故寿。”张栻云:“知之体动,而理各有止,静固在其中矣;仁之体静,而周流不息,动亦在其中矣。动静交见,体用一源。仁知之义,非深体察者,莫能识也。”盖儒家以水流动不息喻智者周流不止。可见儒家之水,体、用皆动;而道家之水,体虚而其用则动。

上善若水①。水善利万物而不争,处众人之所恶,

故几于道[2]。

居善地[3]，心善渊[4]，与善天[5]，言善信[6]，正善治[7]，事善能[8]，动善时[9]。

夫唯不争，故无尤。[10]

〔注释〕

①上善：至善，最高的善。若：帛书作“如”，义通。老子喜以水喻道，取其柔弱居下，润泽洁净万物也。此则以喻有道之圣人。

②善：擅长；善于。利：有利于。善利万物：等于说擅长浸润万物。不争：是说水遇方则方，遇圆则圆，毫无相争之意。所恶：厌恶的对象，指卑下。此喻圣人谦下。老子及道家与古之哲人均喜水喻，犹后人以气喻。盖皆流体，无色透明似虚无，无定形而善化。且水为生命之摇篮，原始人居处必近水。几：接近。道无所不在，无所不到，水也如此。但是水有形体，与恒道无形只能是近似，所以说“几于道”。

③地：按《荀子·儒效》：“至下谓之地。”此正言水之居下。

④渊：深潭；深邃；深沉。这是说圣人之心深静莫测，固藏如渊。

⑤与：等于说相与，指与人、物相处。天：王弼本作“仁”，据帛书改。此指与人、物相处自然无私。

⑥信：诚实不欺。这是说水如镜子所照影像跟本体一样，比喻言语诚信。

⑦正：通“政”，等于说为政、治理。老子认为，为政当清静无为，是为善治。

⑧能：指水圆通自然，无所不能。

⑨时：天时，时运。这是说水顺应季节流动凝结而变化。至此七善，正承“上善若水”而言，是水德，也是圣人之道。

⑩尤：怨恨；归咎；责备；怪罪。本章与上章主张一致，以柔克刚，卑下不争，是说水，也是圣人追求的无为之道。

〔译文〕

至善之人如同水。水滋润万物带来利益而不争利，居处在众人厌恶的卑下之地，所以它接近于道。

它居处善于卑下，存心善于渊静，相处善于自然，言语善于守信，为政善于治理，处事善于圆通，行为善于顺时。

正因为它谦下不争，所以没有怨尤。

第九章　运夷

〔题解〕

本章河上公注本名“运夷”。本章由世人的能引起其最大欲望的东西——富、贵谈到处世。老子的原则就是“殖而不盈”“揣而不锐”。面对财富权势的诱惑，坚持上天的正道——“功遂身退”。这当然是老子“弱者道之用”这一原理的体现。而当时君子之风，五世而斩；小人之风，亦五世而斩的现实，也充分说明了富贵的不可靠。

持而盈之，不如其已①；
揣而锐之，不可长保②。
金玉盈室，莫之能守③；
富贵而骄，自遗其咎④。
功遂身退，天之道哉⑤。

〔注释〕

①持：保持。已：止。这是说保持盈满状态甚难，反不如不持。盛名之下，其实难副。古人言：“功冠天下者不安，威震人主者不全。”这固然是

封建专制社会所致，但也说明巅峰状态的难以保持，必然走向自己的反面。

②揣（zhuī）：等于说捶击，锻造。锐之：使之锐，让它锋利。这种状况是“不可长保”的，所以第四章言“挫锐”。“峣峣者易折”，与其让它具有“不可长保”的锋利，不如自己先把锋芒摧折以求长久。两章之言，一正一反，意旨则同。楚简、帛书自此句后，后继句的断定均有语气词“也”煞尾，一则肯定或坚信的语气更强，二则可视为羡韵，更为和谐。

③盈室：王弼本作“满堂”，据帛书、楚简改。王弼本改为“满”，当是避汉惠帝刘盈之讳。莫：没有人。守：保守，守住。金玉钱财，有聚必散。对自身来讲，不仅积累辛劳，“生前日日恨无多，及至多时眼闭了”，自己无法“带走”。而且“君子之泽，五世而斩”“近者祸及身，远者及其子孙”。这是无法保守的。

④富：指钱财。贵：指地位。咎：灾祸，祸患。富贵而又骄奢肯定自取祸患。

⑤功遂身退：王弼本作“功成名遂身退”，据帛书、楚简本改。遂：完成；成功。所谓“身退”并非一定要如范蠡那样退隐江湖，而重在不居功，不贪图富贵，这才符合天道。哉：见下章注。

〔译文〕

积累盈满，不如停止；

锻造尖锐锋利，不能长久保持。

黄金宝玉装满屋，没有谁能守得住；

大富大贵又骄傲，自留祸患与灾殃。

成就功业身即退，这是符合天道的。

第十章　能为

〔题解〕

本章河上公注本名“能为”。其前十二句六问六答，可分为两层。前三问答谈修身，“营魄抱一”强调身形灵肉的统一，当然应统一于道。“专气致柔”，指出要保守元气，以婴儿为修养目标。“涤除玄览”说心静。后三问答谈政治处世，讲的是无为、无智，为雌谦下。最后阐释“玄德”之自然，有如前面章节所言。

营魄抱一，能毋离乎①？

专气致柔，能婴儿乎②？

涤除玄览，能无疵乎③？

爱民治国，能无知乎④？

天门启阖，能无雌乎⑤？

明白四达，能毋以为乎⑥？

生之，畜之⑦。生而弗有，为而弗恃，长而弗宰，是谓玄德⑧。

〔注释〕

①王弼本本章第一句前有“载”字,通“哉”,属上句。营魄:魂魄。但魂属阳为气,魄属阴为形;实际上,“营”在“卫气营血”中属阴,故云“营魄”。抱一:指专精固守不失其道。盖以此不安躁动之魂魄来“抱一”守真,是困难的,故下问“能毋离乎”?营魄是用来保卫魂魄的,这样能维持直觉的敏锐。抱一则守身存真。这样形神相依,动静不失。如此,那么“无离”就难能可贵了。毋:王弼本作“无”,从帛书改。此处之“毋”为表示禁阻的否定副词,应以“毋”为正体。

②专气:固守精气、元气。这是说养气。气专而能使柔至(“致”等于“使之至”),这是气不外耗消散的结果。后半以婴儿为喻。婴儿:一方面是说无思无欲,最少受社会文明的污染异化,不失赤子之心,最为天然无邪;另一方面,婴儿乃纯阳之体,生机蓬勃,最有发展前途。

③玄览:等于说玄镜,指人的内心。涤除玄览:颇似禅宗“心如明镜台”,“时时勤拂拭,勿使惹尘埃”之喻。无:没有。此上三句是从三方面说修身。“营魄抱一”是注重身形灵肉之统一。“气”字本象云气,此指元气。“专气”即专守此生生不已的元气,所以能“致柔”——“柔弱者生之徒”。把婴儿作为效法的目标是老子惯用的方式。盖人从自然产生,老子始终强调要效法自然。所以才要求成人“逆行”仿效“婴儿”,也就是仿效自然。“玄览”即“玄鉴”,用来喻心,侧重精神,与“气”之物质性相对而言,二者互为表里。

④知:今作“智”。能无知乎:即不能用智术治国,即“无为”而治。

⑤天门:天官(器官)之门。所谓耳为声之门,目为色之门,口为饮食言语之门,鼻为嗅之门,都是天所赋予,所以叫天门。天门开启阖上,人从而知天地消息。启,王弼本作“开”,据帛书改。王弼本盖避汉景帝刘启之讳而改,二字相通。天下变化由道,人只能雌伏,如此才能顺因大道,顺应

自然。

⑥明白四达：等于说光明正大，光被四表。这是大智慧。而"小知"的好厕身其间适足以丧身亡国。按：上三句是处世术、政治术。

⑦生之：这是说道，即道生万物。畜之：这是说德，即道德畜养万物。

⑧弗：从帛书。有：领有、占有、私有。恃：依靠。长：使生长，长养。宰：做主宰。弗宰：不做主宰，任其自然罢了。是谓：把它叫作。这是说纯应自然，实属太上之玄德。

〔译文〕

让营魄守卫着灵魂永葆着真身，能不跟它离分吗？

不耗散聚集的元气而永远柔顺，能像婴儿吗？

扫除成清静玄妙的心境，能够没有瑕疵吗？

爱护百姓治理国家，能够不用智术吗？

信息之门的五官开闭，能像雌性那么柔弱吗？

正大光明充塞四表的大智慧，能像无知一样没有表现吗？

生出而不据为私有，作为而不靠此报答，长养而不主宰控制它，这就是最上的玄德。

第十一章　无用

〔题解〕

本章河上公注本名“无用”。这一章是老子集中说明“有”“无”的“利”“用”关系。老子的道是有、无的统一,但是为了纠正世人的误解,老子特别谈到了“无之用”。而后庄子继之,大谈“无用”之用。

三十辐共一毂,当其无,有车之用①。
埏埴以为器,当其无,有器之用②。
凿户牖以为室,当其无,有室之用③。
故有之以为利,无之以为用④。

〔注释〕

①辐(fú):车轮中连接车毂和轮圈的若干条直棍儿。毂(gǔ):车轮中心部分,有孔可插车轴,有些地方叫“车葫芦头儿”。无:空无。这句是说正因车毂中空能容车轴,车才能走,车才有用。

②埏(shān):和(huò)泥。埴(zhí):土。埏埴,即用水和泥制作陶坯。器具中空才有容量。可以盛(chéng)物。

③凿:本指木工工具,此处用为动词,指木匠用它加工(门窗)。户牖:门窗。屋室中空,可以住人;门窗空虚,让人出入观瞻。

④之:代词,指物,即上文之辐毂、埴器、户室之类。有、无:二词对举,无为虚空,有为实在,这是名词。但本句之“有”为动词,指实在的存在;本句之“无”也为动词,指没有(没有形体的“虚空”、虚无的“存在”)。老子以为“有之利”在于“无之用”,有无相生,相互为用。因为有了车木、器壁、屋墙,才有其中虚空无,而有车、器、物之用。也就是因其所“有”,而用其“无”。这才是“有”的效益——利,也是“有”的权益所在。正因为一般人忽视他,所以老子才三复其言,以阐释“无”之用。

〔译文〕

三十根车辐聚集在车毂上,正由于毂中虚空,这才有车运转的功用。

烧土坯制成器具,正由于器具中虚空,这才有器具盛物的功用。

开凿门窗建造房屋,正由于房屋中虚空,这才有房屋住人装物的功用。

所以物体的实体成就其效益,物体的虚空才发挥其作用。

第十二章　检欲

〔题解〕

本章河上公注本名“检欲”。这里老子抨击了物质欲念的诱惑。从声色说到狗马，无一不是对感官以至心灵的刺激，它们只能使器官功能失效，心灵疯狂。所以“圣人”要人们摒弃物质欲念的诱惑，健全体魄，淳朴天真。应该说，这不仅对于传统的穷奢极欲的统治者是良好的忠告，而且对于近世西洋物质文明的放纵也有针砭之效。

五色令人目盲①；五音令人耳聋②；五味令人口爽③；驰骋畋猎，令人心发狂④；难得之货，令人行妨⑤。

是以圣人之治也，为腹不为目⑥。故去彼取此⑦。

〔注释〕

①令：帛书五处皆作“使”，义通。五色：青、赤、白、黑、黄五种颜色，这里泛指各种颜色。强烈的五彩光线可导致视觉伤害，如电光性眼炎，严重的可致失明。

②五音：古代五声音阶中的五个音级，即宫、商、角、徵、羽，这里泛指

各种音声。剧烈的声响会导致耳聋，人所共知。今人甚至有“噪声污染”之说，只要是对自己心灵无用之声，不管别人听起来如何悦耳动听，都是噪声，都形成污染而在防治之列。即使非噪声，它对听觉器官的伤害也是日积月累的，有如锻工使气锤者。

③爽：有二义：丧亡；差失。爽训亡，如过食辛辣之后，味觉麻木，有如丧失。爽训差失，是说“食而不知其味”。二训实通。品酒品茶者不仅平时不能多饮滥饮（不如此就不能保持味觉的敏锐），就是品味时，也只能小口慢尝，否则就成“饮驴”了。这三句，色、音、味是感官知觉所能感知的外界特性，而放纵色、声、味的享用必导致官能的失用，所以有盲、聋、爽。

④畋（tián）：田猎。本句说明性情的亢奋导致自我的丧失。古人云“声色狗马之好”，是君王贵族之所好。这些放纵物欲的生活态度不仅造成社会矛盾，而且对放纵者本身也导致可悲下场。

⑤货：财物，金钱、珠玉、布帛的总称。妨（fáng）：伤害，损害。此句由前面的色、音、味等官能以及物欲心性说到“行”——实践。极度的物欲只能伤害自我。知觉本来是主客观间的桥梁，然而它又成为阻塞人心通往彼岸世界（即“道”）的东西。此岸世界所显现的知觉的组合恰恰又使人丧失本性，在虚幻的亢奋中丧失一切，伤害自身。

⑥为腹不为目：有两解，一则腹指物质需求，目指知欲之求。犹第三章“实其腹，弱其志”。盖“为腹”能使食物变成营养，人才能活下去。而目所拥有的视觉占了人所能获取的外界信息的十分之九，故以之代表知觉欲求。而为知、欲劳民伤财，实在是“以物役己”，将自己异化为物欲的奴仆。二则腹指内在的自我，目指外化的感觉。为腹不为目：仍然是保持自我的本性而免去异化的变动。圣人之治也：指理想的治民准则。

⑦去：离开，除去。取：迎接，求取。彼：远指。此：近指。远近是指距“道”或人之本性而言。

〔译文〕

五彩缤纷使人目盲；五音强劲使人耳聋；五味刺激使人口伤；纵马驰骋围猎，使人亢奋心狂；难得的珍宝财货，使人危害自身行为失常。

所以圣人治理天下，只为肚皮胃肠，不为声色目光。所以去掉后者而迎取前者。

第十三章　厌耻

〔题解〕

本章河上公注本名“厌耻”。分析了宠辱对人的影响以及人应该如何对待。老子是主张“贵身”的，在一切人际关系中，如何避免“大患”而能全生贵身呢？这就要求人不必在意宠辱，那些毕竟不过是别人的品评。当然，如果你在意，那就会成为你的地狱，使你备受煎熬；如果你明白，那就不过是些“身外之物”，你尽管放心。只有这样，才能保全自身；只有这样，才能寄托天下。至于“无身无害”的说法，文中已有阐释。

人宠辱若惊，贵大患若身①。

何谓宠辱？宠为下也②。得之若惊，失之若惊，是谓宠辱若惊③。

何谓贵大患若身？吾所以有大患者，为吾有身④；及吾无身，吾有何患⑤？

故贵以身为天下，若可以寄天下矣⑥；爱以身为天下，若可以托天下矣⑦。

〔注释〕

①人:据楚简乙本加。这个“人”字等于说“对人来说”。宠:作为名词或形容词是荣耀,这是一种价值判断。作为动词是“使荣耀”,也就是受宠爱。前者为施动,后者为被动。辱:一义为耻辱、屈辱;二义为使……辱,即辱没、侮辱。其实宠为辱根,所谓“赵孟能贵之,赵孟能贱之”,贵贱操之于人。如弥子瑕所做之事未变,爱之时则誉而贵之,疏之时则怨而刑之。昔日荣耀之所由,正是今日耻辱之所系,所以“若惊”。若:如,乃,就。惊:惊吓。贵:看得贵重,重视。贵大患若身:重视大患就好像唯恐身体有病一样。

②何谓:什么叫作;什么是。宠为下也:这是一种解释性断定的语气。辱是由于宠而来到,这说明宠为辱根,所以宠为下。

③之:指代宠荣。得之若惊,失之若惊:可以跟儒家患得患失比较,《论语·阳货》有言:“鄙夫可与事君也与哉?其未得之也,患得之;既得之,患失之。苟患失之,无所不至矣。”此虽言得官失官,但与得宠失宠相似。此三句仍承第一句宠辱若惊而深入作答。

④为吾有身:此承第二句“贵大患若身”而言。所以:引入结果。为:追溯原因。就是说祸患麻烦是由于自身的存在而引起的。人只要活着,就不能不应付柴米油盐、衣食住行的种种麻烦;吃五谷杂粮,就不能不有头疼脑热、手疾足病以至于生之忧患。

⑤及:等到。等到明了自身与自然的和谐,而不去追求外物,我还有什么祸患?不要如同上章追求自身的感官刺激,如声色狗马之类而异化人的本性。按:有身则有患,无身则无患,确是实情。但人们对此却想有身而无患。老子主张回归自然罢了。

⑥可以:王弼本作“可”,据楚简改,下同。若可以:好像可以。语气委婉。寄:跟下一句的“托”字互文见义,就是寄托,托付,委托(“寄”“托”二

字次序楚简本正好相反)。矣:据楚简本加,下同。只有把天下看成身外之物而不以身殉天下的人,才可以把天下托付给他。这似乎是一个悖论,然而却是社会的真实。因为那些利欲熏心的禄蠹之流,是不能将天下托付给他们的。

⑦爱:重视,珍爱。以:用。身:自身。为:治理。只有知道治理天下困难的君王,才能治理天下。但这样的君王却不愿意去治理天下了。可是不用这样的君王,又怎么能“寄天下”“托天下”呢?只好归之于“自然”。

〔译文〕

对人来说,得宠即受辱就是惊吓,尊崇带来祸患(的事物)就如同自身。

什么叫得宠即受辱?得宠就是下贱。得宠心中惊吓,失宠心中惊吓,这就是说得宠和受辱都感到惊恐不安。

什么叫尊崇祸患就如同自身?我之所以有大患的原因,就在于我有自身;如果我没有自身,我还有什么祸患?

如果尊贵自身胜过整个天下,就可以寄托天下了;如果珍爱自身胜过整个天下,就可以托付天下了。

第十四章　赞玄

〔题解〕

本章河上公注本名“赞玄”。本章讲述“道”体。道本来就不是此岸的认识对象，对感官来说，微、希、夷不过是“无”的婉转说法罢了。作为时空的无限，道没有上下前后这些局限性的定义。作为时空的永恒，道又是不可命名的。然而，道主宰了现实世界。所以把握了道，就是把握了根本。

视之弗见，名曰微①；听之弗闻，名曰希②；搏之弗得，名曰夷③——此三者不可致诘，故混而为一④。其上不皦，其下不昧，绳绳不可名，复归于无物⑤。是谓无状之状，无物之象⑥；是谓惚恍⑦。迎之不见其首，随之不见其后⑧。

执古之道，以御今之有⑨。能知古始，是谓道纪⑩。

〔注释〕

①弗：王弼本作“不”，据帛书改，下同。视：是一般动词（非完成体动

词),等于说看。见:是有结果的完成体动词,等于说看见,看到。微:王弼本作“夷”,据帛书改。微:微小、微细、微弱,隐微而看不见。“视”指运用视觉,“见”指视觉有所得,即见到;而“道”却见不到,所以用“微”命名。

②听、闻:等于“视”“见”,略同于一般动词跟完成体动词的关系。这是从听觉来描述道。希:与“稀”同源,稀疏至极,以至于无。这同无限小的极限是零一样。老子用以形容声音的若有似无,第四十一章所云“大音希声”就是如此。

③搏:帛书作“捪”。捪,抚摸,义与“搏”近。夷:王弼本作“微”,据帛书改。夷:言其平旷无觉“摸不着”。这是从触觉来描述“道”的。

④三者:指微、夷、希,承前而总括。致诘:究问;推究。致:使之至,即得到。诘:责问,追问。这是说道在视、听、触等感觉中是不可被感知的,因而在感觉中不可推致,甚至毫无把柄,连追究责问都无从谈起。混:混同。一:即道,强调道的统一性。道在知觉领域是不可感知的,是不可分离、分辨的微、希、夷;正是这不可“致诘”、不可思议的道显示了指称“道”,也就是“一”。

⑤古人以为天在上,地在下,天上空明,而道无所谓上下,也无所谓明暗。昧:不明。这里对一般所见的上明下暗的背反,正说明道的不可认知性。绳绳:绵绵不绝的样子。名,是人对于外界认识抽象化的结果。道的“不可名”,源于道的不可感知,所以也无法抽象概括命名。复、归:皆训返回,两字同义叠用以强调道的运作是以返回为准则的。因为不可见,所以不可名,故“无物”。这是否定道的具体物质性。言上下明暗则是以物视之,但结果是否定,所以才“复归于无物”。

⑥状:形貌、样子,明显的情形。象:景象,征象。“无状”是说道对感官来讲无形貌可寻;而道的情形仍存,即“无状之状”。“无物”是强调道不是作为“形而下”的器、物而存在;而“象”则是说其征象仍存。这都是似无而有的超经验的存在。前文上两句谈“无名”,上一句谈“无物”,都是对道

体、道象的描述。而这种若有似无的“道”，其“状”“象”是极难说清的。

⑦惚恍：恍惚之倒言。恍惚：迷离，难以捉摸。这是说道的冲漠难状，不分明。第二十一章所谓“道之为物，惟恍惟惚”都是对此似无如有之境的描绘。

⑧迎：面向着；正对着。随：沿着，顺着，跟从。这两句是说道无前无后，“首”“后”都是此岸的认识，用来观“道”，无论“迎”“随”都是行不通的，所以这里双重否定，强调道无首无尾，是双重的无限。

⑨执：持守，掌管。古：帛书作“今”。道本无限，人若执着于道，言“古”即“今”，而言“今”之道，亦过去、未来无限之道。所以作“今”或“古”都可以。御：等于说驭。有：即域，即现象域存在的具体事物。

⑩道纪：纲纪；始基。前云“执古”“御今”，从历史感中悟道。此云“古始”，等于说最原始的原始，是极言道始的无限。这两种解释相通相近。盖道之状本无法描绘，然而它又主宰一切。知此方为体道之始，也是体道之纲。以上是对“一”，也就是“道”从体象至作用的描述。

〔译文〕

看却看不见它，叫它作微渺无形；听却听不到它，叫它作疏淡无声；摸却摸不着它，叫它作泯灭无痕。这三样没法追究推问，所以复合成“一”。它的上面不空亮，它的下面不冥暗，绵绵无尽叫不出名，又返回归结到“无物”。这就叫没有形貌的样子，没有器物的征象。这就叫“惚恍”。迎着它看不见它的头，跟着它看不见它的尾。

把握古今永存的道，驾驭当今现实事物，能够知道原始的原始，这就是道的根本总纲。

第十五章　显德

〔题解〕

本章河上公注本名“显德”。这是为体道之士的写照。先说他微妙玄达，深不可识。再从六个（王弼本是七个）角度“强为之容”。主要写出他的谦谨纯朴，深厚优游。只有这样，他才能体验到道的周行无限。

长古之善为士者，必微妙玄通，深不可识①。是以强为之容②：

豫焉若冬涉川③，犹兮若畏四邻④，俨兮其若客⑤，涣兮其若释⑥，敦兮其若朴⑦，混兮其若浊⑧。

孰能浊以静之，将徐清⑨？孰能安以动之，将徐生⑩？

保此道者不欲尚盈⑪。夫唯不盈，故能蔽不新成⑫。

〔注释〕

①长：据楚简本加。长古：等于说远古，包含着尊重。微妙：精微深

奥。玄通:指与天相通。道体之事本是“玄而又玄,众妙之门”的,所以体道者也“微妙玄通”。在虚静中见妙要,在高远中见通达;其奥在无,其用则通。识:楚简、帛书作“志”,即标志之志(繁体作“誌”)。本句之“深”承前“微”“玄”而言。庄子所谓“嗜欲深者天机浅”,体道之士幽隐甚深,故无标志在外,也“不可识”。

②强:勉强,竭力。强为之容:是勉强地形容体道之士的样子。“之”与“容”都是“为”的宾语。之:指体道之士。容:也作“颂”,形貌、状态。

③豫:与下句之“犹”合称“豫犹”,也就是犹豫,迟疑不决的样子。此与下句分言其畏而不进的样子。“冬涉川”言其难。盖中原地区(更不用说老子的南楚了)冬季河流冰薄,“如履薄冰”,本来就让人“战战兢兢”。

④四邻:实指敌国。这是以“春秋无义战”时代的君主所应有的畏惧感来形容其小心谨慎。

⑤俨:楚简、帛书作“严”。其实尊严、严重、敬畏诸义皆通。若客:意谓临事而惧,临战而畏。老子从来主张要自居柔弱一方,慎戒再三,绝不应反客为主,违背自然。

⑥涣:离散。释:消融;融化。这句说融化流散,流转自然,实为水德,故老子用以喻道及得道之士。

⑦敦:借为“惇”,强调其厚重。朴:没有加工过的原木。《老子》第二十八章言“朴散则为器”,此虽具象,但足以形容得道之人尚未被文明所异化的纯朴道象。此句后王弼本有“旷兮其若谷”,据楚简本删。

⑧混:杂糅;混杂;混浊。流水夹沙俱下,故混浊。而这种混杂不一的动态,恰好体现了老子的无争思想。(楚简本作“坉乎其若浊”。坉:土填塞而使水流不通。水缓缓迟滞则泥沙沉,所以混浊。)至此六喻(从王弼本则为七),即是对有道之士的形容,也是求道的要点。尽管其容象不可能用语言形容,但人们从中还是可以悟到这一“有道之容”“求道之要”。

⑨孰:谁。浊:即前文的混浊。静之:使……澄净。将:从楚简本加。徐:徐缓,有宽舒迟缓之义。这是承上文“混若浊”而言,由动浊入清静,这一缓慢过程将是入定之工。

⑩安:安静。此承“若谷”而言,由安静而生动,是化生之工。这两句是道的周行与体道者的体验功夫。

⑪保:保有,保持。尚:据楚简本加。尚:崇尚。盈:盈满,盈溢。尚盈:等于第三章之“尚贤”,皆老子所反对者,所以“不欲”。

⑫蔽:与“成”相反,“敝”字左像破衣,右为用手击打,意思是破败,引申为所有破败之称。成:成就、盛大、成熟、必备诸义,而成衣恰与蔽衣成对比。这是用来比喻宁肯守其拙旧而不求盛备。

［译文］

远古善于体道的士人,虚静微妙,深远通达。内蕴深沉又没有外在标志。(正由于深沉无标志,)所以只好勉强给他一种描绘:

迟疑不进就像走在冬天的薄冰一样,进退不定就像惧怕四邻进攻一样,庄重敬畏就像甘居客位一样,流转自然就像冰凌消融一样,混沌未开就像未经斧凿的原木一样。

谁能让浊流澄净,慢慢清净?谁能让安稳流动,慢慢生长?

保有“道”的人不会崇尚盈满。正因不会盈满,所以才保有这破旧而不用完备更新。

第十六章　归根

〔**题解**〕

本章河上公注本名“归根”。他阐述了老子修养中的虚、静功夫。说明了观复、归根、复命、知常等重要概念。“观复”是说道本虚静,我心也本虚静。万物皆动,但我能看出他复归于虚静。“归根”,常说的叶落归根是其具象。根是指本源出发点。万物生长运化,其最终归宿是回到出发点的初始状态。对人来讲,一方面赤条条来去无牵挂,另一方面要还我本来面目,回到本性的自然。复归虽同义连用,但应为老子习用语。“复命”是指回归本原,还复本性。所以复命既可看作理性的还原,也可看作人性的复归。但从外在表现看,它是逆进化的退行性过程。这恰是老子伦理哲学的特征之一。此外也别忘了,回复的是虚静的本性。而只有“至虚”“守中”,才能消除妄作,“没身不殆”。

至虚,恒也①;守中,笃也②。

万物并作,吾以观其复③。

夫物芸芸,各复归其根④。归根曰静,是谓复命⑤;复命曰常,知常曰明⑥。不知常,妄⑦。妄作,凶⑧。

知常容，容乃公，公乃王，王乃天，天乃道，道乃久，没身不殆⑨。

〔注释〕

①本句依楚简本。至：到达。道本清虚，所以体道之人必“至虚”。至，如果当“最”讲，那就是最空虚的，也就是永恒的。

②本句依楚简本。中：通“盅”，中空，也是清虚之象。笃：笃厚，深厚，纯一。保守这清虚，才是最重要的。老子主张秉要执本，清虚自守；虚心、守中（保持内心的虚无清静），然后才能观察万物的变化。这两句强调清虚。盖道体本虚，所以至虚、守中可以用来体道、观道。

③作：兴作。这是说万物生动流转，争竞不息。这也是现象界的变化。复：回复，往来。“观复”是本章重点之一。道本虚静，我心也本虚静。万物皆动，但我能看出它复归于虚静。这个虚静就是“以”（凭借）省略的的宾语。

④夫：指代词，那个。芸芸，指纷纭不同。这是说天道化生万物的过程是纷纭繁复、千差万别的。复归：回复；返回。“归根”也是本章重点，常说的叶落归根是其具象。根：始茎、出发点、本源。“复归”虽同义连用，但应为老子习用语。

⑤归根曰静：复归原点所以叫静。但这不是循环论，而是由动趋静。老子被称为“清静自正”，这是由道的作用返回本体的必然。所以这里用“归根”给“静”下了定义。复：回归，还复。命：或云天命，或云性命。前者类似“绝对命令”，后者则为人伦、人道之常。

⑥常：久，是过去、现在、未来的恒常。而要常的前提便是回到本根的虚静自然本性。知常曰明：理解到道的虚静永恒指导着万物的循环往复就叫作“明”。这里虽用语言解释，但真正的理解要绝弃智慧，屏除机心，在虚静中才可悟得。

⑦妄:胡乱,非分。盖世人多不知恒道的人,这就是愚妄之人。

⑧凶:凶狠,恶劣。妄人却往往自作聪明,结果必然凶厄,以此反衬上两句。

⑨容:宽容;包容。容与妄相反。妄是背道,容则循道。公:公共;公平;公正。大道坦荡,天无私覆,地无私载,所以叫公。王(wàng):称王,统治。前文说过,老子的“圣”,也指天下的统治者(当然是理想的圣天子),老子也要“应帝王”。这是说出以公心,用天下之人,行天道则必治天下。天:指效法上天。春秋之王即天子,自然要效法天。天乃道:等于说“天法道”。道乃久:久即恒,道本无限无穷,故恒久。没身:终身。不殆:没有危险。这也是老子的用世术,明确地表现了老子的“贵生”思想。

〔译文〕

最空虚的也就是最永恒的;保守这中空清虚才是最重要的。

万物蓬勃一起生长,我耐心等待观看那往复回归。

纷纷纭纭的万事万物,各自都回到自己的本根;回到本根就叫作静,静就叫作回复性命。回复性命就叫作恒常,知道这恒常就叫聪明。不知道恒常就叫愚妄,愚妄者自作聪明就凶险。

知道永恒就无所不容,无所不容就无私而公,无私而公就天下称王,天下称王就合于上天,合于上天就通达大道,通达大道就永恒长久,终身不会遭遇凶险。

第十七章　淳风

〔题解〕

本章河上公注本名“淳风”。这可谓老子之社会形态论，并依照其价值等级（体道状况）依次排列，四世递降。从“太上”到最次，四世之君分别用无为、仁德、刑法、智术来治理，而百姓民众是“知有之”“亲誉之”“畏之”“侮之”。这一过程，在历史进程中是文明的进化，而在老子心目中则强调的是其惨痛的代价，所以认为是递降。尤其是成文的刑法，无穷的智术，更是令人畏、侮。因此老子还是以无为、自然为上，这就是他的最终归宿。顺便说一句，东晋王戎丧子，山涛劝他不必伤情太甚，他说：“圣人（等于‘太上’）忘情，最下不及情，情之所钟，正在我辈。”“太上忘情”由此而流传千载。晋人喜谈老庄，但是从自然之无情变为“忘情”，似是而非。

太上，下知有之①；其次，亲誉之②；其次，畏之③；其次，侮之④。信不足焉，有不信⑤。

悠兮其贵言⑥。功成事遂，而百姓皆曰：“我自然也⑦。”

〔注释〕

①太上:等于说太古,上古。下:指民众、百姓。这是说太古时代的君主,无为而治,所以百姓只知有君而已。就像葛天氏之民所唱的那样:“日出而作,日入而息。帝力何有于我哉!”“太上”或谓时代,或云最高的君主;实则两者相合。大多数中国古代思想家的黄金时代都在上古,“复古”成了守旧的老顽固与创新的革新者共同的口号。所以“太上”既是太古时代之君,也是老子所崇尚的效法自然天道的榜样。

②亲誉:亲近赞誉(王弼本中间有“而”字,此从帛书与楚简本)。这已非理想境界,而是“其次”的仁德之君。因为“上天不仁”,“圣人不仁”。“太上”无情,无为而治。“其次”却要施恩行惠,使百姓赞誉。施恩求赞,本已趋下,何况有所亲必有所疏,有所爱必有所恨呢?

③畏:指畏惧刑罚。太上无情无私,百姓不治而治。但一旦有亲疏爱恨,终将人欲横流,而仁义道德便苍白无力,绝无挽狂澜于既倒的伟力。这时只能以严刑峻法使民畏而不敢,所谓治乱邦用重典就是这样。由爱而畏,这当然是更次一等。

④侮:轻慢,欺侮。法求严密必日趋繁杂,自以为系统完整其实必然漏洞百出,矛盾重重。法令多得使一般人不知道自己有什么法定的权利与义务,于是出现了专门钻法律空子的讼棍与律师,巧舌如簧,口吐天宪。于是“以智治国”了。但上有政策,下有对策,钩心斗角,势所必至。上无威权,互相欺侮的局面形成。法之威力有所不及,则必侮之。四世递降,其效可知。于是逼出下句。

⑤信:诚信。信不足:指君王。不信:指民众。在上之大人无为自然,在下之民众必自然而然,淳古之风,天机盎然,而无人伪,此为信。后世则人伪日出,上既无自信,下必不信。

⑥悠:悠闲,悠长。贵:贵重,爱重。有道之君行不言之教,以默然形

容为上。故啬于出言。盖非取信之难，亦以恒道之不可道也。这当然是为太上无为而治立说。

⑦成、遂：都有完成义。我：或谓君，或谓民。当然，仍以称民更能体现民众的逍遥情态。

〔译文〕

太上（无为），民众只不过知道有他；其次（仁德），民众爱戴他赞誉他；其次（刑法），民众害怕他；其次（智术），民众欺侮他。君主的诚信不足，下面就不会信任。

最好是默然少说。办好了事，获得成功，人们却说："我们本来就是这样的。"

第十八章　俗薄

〔题解〕

本章河上公注本名“俗薄”。此章承上而言“太上”以下递降之君与递降之世相。所以是专言衰世之道德伦理，前半言道德，美恶同门，不仁不义才显仁义，智慧与诈伪也是同一问题的正反两面。后半言伦理，孝子贞臣，于家于国皆是不幸。楚简本丙组有此章，与前一章紧密相连，是与今本少有的相同顺序。而且楚简明言“故大道废安，有仁义”。有些论者说，楚简本《老子》并不反对仁义，与儒家相同或相似。但是面对本章，不知他们又应如何解释呢？

故大道废，有仁义①；智慧出，有大伪②；六亲不和，有孝子③；邦家昏乱，有忠臣④。

〔注释〕

①故：据楚简本加，说明本章实承接上章而来。大道：即前文的“太上”。儒家亦言“大道之行也，天下为公”。正是大道既废，“天下为家”，才有小康之世的仁爱。鼓吹“爱的奉献”正因为缺乏爱。儒家用世，希望

以仁爱行王道,挽狂澜于既倒。老子则更进一步回到太上淳古。其实两者皆不可行。

②智慧:聪明才智。察察为明,以智术自任,下必应以诈伪。从上之仁义到此之智慧,世风日降,而钩心斗角愈烈,欺伪相蒙,皆衰世之写照。

③六亲:指父子兄弟夫妇。子:王弼本作“慈”,帛书作“兹”。兹、子古通,应作孝子以对下文之忠臣。这是说人伦之变。盖人伦和睦,无所谓孝子,只有不幸之家庭,才有孝子之彰名,观舜、闵子骞、申生等许多孝子可知。

④邦:王弼本作“国”,从楚简本改。今本应是时人避汉高祖刘邦之讳而改。忠贞正直之臣是不幸之国家的产物。观殷之三仁以至文天祥、史可法可知。故魏徵有言,不愿为忠臣而愿为能臣。盖忠臣以己之死而于国无补。所谓“文死谏,武死战”,只能以自己的死来完善自己的道德,既不能保证皇帝的正确,更不能使国家战争胜利。所以孝子、忠臣皆为不祥之祥。

〔译文〕

所以大道废隐,才有仁义道德;智慧出现,才有奸诈虚伪;父子兄弟夫妇不和,才有孝子;国家昏乱,才有忠臣。

第十九章　还淳

〔题解〕

本章河上公注本名“还淳”。本章从三个角度指出修道者必须绝、弃的方面。王弼本与帛书是圣智、仁义、巧利，楚简本则为智辨、巧利、伪怚。相同者三，相异者三。改“圣”为“辨”，无妨弃绝知识；仁义与伪怚，诚然有些不同，但是同属伦理道德范畴则无疑问。总之，老子提出在认知、伦理道德、物质欲望三个方面的弃绝，以保证民众的少私寡欲，纯朴安康。

绝智弃辨，民利百倍①；绝巧弃利，盗贼无有②；绝伪弃怚，民复孝慈③。此三者，以为辨不足④；故令有所属⑤。见素保朴，少私寡欲⑥。

〔注释〕

①辨：敏慧，聪明。民利：民众的财利、利益。此属知识范畴。智辨用来认识世界，改造世界，实为逆自然之能力，愈多愈害，所以必须弃绝，才有民利之实。绝智弃辨，王弼本作“绝圣弃智”。此从楚简本改。

②本句次序依照楚简本。巧：机巧；欺诈。巧是为利，这是欲界。所

谓有机械必有机心，就是防微杜渐的话。因为一味地投机取巧以谋取利益，后果不堪设想。就像第十二章所谓“难得之货，令人行妨”。物欲的引诱就产生盗贼，所以应当弃绝。

③本句楚简本作“绝伪弃怚，民复季子”，位于“绝巧弃利”之后。怚(jù)：矜傲简慢。“季子”是“孝慈”的通假。简本之义等于说，扔掉了虚伪，丢弃了矜傲，民众恢复孝慈。

④此三者：指智辩、巧利、伪怚。辩：王弼本作“文”，从楚简本改。辩：等于文过饰非之辩。不过也可以认为通“辨”，就是说，这三句话说明一般人用来分辨还是不够的。

⑤属：附着，接续。

⑥素：未染色的丝绢。朴：未加工的原木。二者都质朴无华。见(xiàn)：即“现”字。保(王弼本作“抱”，据楚简本改)：保有。这两句是要返回素朴无华之世(非文饰)，复归无私无欲之境(非仁巧)，也即自然，也是本色。王弼本本句后有“绝学无忧”，但据楚简本删。

〔译文〕

截断知识，丢弃敏慧，民众才有百倍之利；截断机巧，丢弃利欲，盗贼才不会存在。截断虚伪，丢弃骄矜，民众才重回到孝慈。这三方面啊，分辨意义看来不够，于是又让它有所接续。表现清白素装，保守本色纯朴，减少一己之私，降低嗜好欲望。

第二十章　异俗

〔题解〕

本章河上公注本名“异俗”。本章以“绝学无忧”开头，抨击了当时的显学，这也是老子超尘脱俗的宣言。接着用两种不同的应答揭示了当时社会上两种不同的人生道路。世间的是非好恶如此混乱，但毕竟生活在这里，所以“人之所畏，亦不可以不畏”。所谓相对中的绝对就是这个道理。楚简本的摘录到此结束，主要说明老子的贵身思想以及对当时的态度。接下去，老子以俗人为参照系，用对自己表面的嘲讽来赞颂与世无争、纯朴天真的可贵。世间所遗忘的“愚人”，其实拥有最为广阔的心胸；在浮华喧嚣的世俗面前，在荒诞世界的冷落中，他所独立坚持的正是无限的道。

绝学无忧①。唯之与阿，相去几何②？美之与恶，相去若何③？人之所畏，亦不可不畏④。

荒兮其未央哉⑤！

众人熙熙，如享太牢，如春登台⑥；我独泊兮其未兆，如婴儿之未孩[⑦]。累累兮若无所归[⑧]。众人皆有余，而我独若遗[⑨]。我愚人之心也哉[⑩]！沌沌兮[⑪]。

俗人昭昭，我独昏昏[⑫]；俗人察察，我独闷闷[⑬]。惚兮其若海，恍兮若无止[⑭]。

众人皆有以，而我独顽以鄙[⑮]。

我欲独异于人，而贵食母[⑯]。

〔注释〕

①绝：断绝，弃绝。求知根本上异于求道，知识是知识，大道是大道。求知一天天地多，离道一天天地远，所以应该弃"绝"它。本句承上章"绝智弃辨"而言，不过以宽泛之"学"来概括现象界对人的投射，既包括认知界的经验、知识，也包括情态界的感觉、欲望。也就是上章之智辨、巧利、伪怚。本句由"无忧"入手，实际却颇具忧患意识。它与世俗对立而不孤独，因为与道同在。

②唯、阿：都是应答声；不过"唯"答应得快而恭于阿。阿：等于"诃"，呵斥，喝叱。这些都是应答之声，是人对外物刺激（命令）的第一反应。既然现象界本身的变化都是虚幻的"物物不齐"，那么对之反应的声响又有什么意义呢？岂非梦中之梦耶？这些带情感的反应即使相反，也实在没有多大不同，相去不多。

③美：王弼本作"善"，据帛书、楚简本改。老子之时美恶反义，善与不善反义（参见第二章）。上句是要求言行态度，反求诸己；这句是说判断价值，取决于环境变化。这里用美的形式判断来涵盖一切判断的相对性。几何、若何：使用意义相近而形略变的两个问句指出两极相复，各自向对立面的转化——这种变化看似悬殊，实则常见。

④亦：据帛书、楚简本加。有一副词"亦"，那么下句的主语显然不是

"人"。畏:畏惧;担心。本句承上而言,要谈相对中的绝对。人生的社会现象固然也属此岸的现象界,但对"贵大患若身"的老子来讲,却需要遵守这相对的强制规则。在有身有患的此岸不得不随俗随缘,否则何彼岸之可达!老子希望的是"没身不殆",而非成仁取义。他深深地了解,习惯的力量不会因哲人而衰减或变得友善。楚简本本章摘录至此结束。

⑤荒兮:苍茫无际的样子。这是感叹世俗之荒远无止。央:即《诗经》"夜未央"之"央",是中也是极。世俗变易之亟而又"荒未央",犹今日现代派之荒诞感亦无止境。

⑥熙熙:和悦、喜乐的样子。这是慨叹众人沉醉于物欲,追求其快感。享:供祭品奉祀祖先。太牢:祭祀时一牛一猪一羊的牺牲叫一太牢。这是极为贵重的祭礼,用来比喻盛筵美味,也用来说明纵恣物欲。如春登台:这是第二喻;春登台是游观之好。虽无田猎之令人发狂,但也是景观。两喻皆描绘众人表面的无忧,他们沉浸在色味物欲之中,无不熙熙然乐,但早已物化为奴隶了。

⑦泊兮:淡泊、恬静的样子。兆:占卜时之征兆,引申为一般征兆。这是说我淡泊无形,没有任何外现征兆。孩:婴儿笑,"孩"字或作"咳"。上句喻"我"安静无为,不见朕兆;无喜无忧,不可窥伺。此句喻"我"赤子之心,一任自然,毫无功利价值,真正纯洁天真。

⑧累累:王弼本作"儽儽"(léiléi),依帛书改。累累:连续不断的样子。所归:归宿。绳绳不绝,绵延久长。正是这漫长的人生旅途似乎使"我"无所归,这里一是不需要世俗的人生目的;二则老子所主张的"归根""复命"绝非具体的目的。这里喻"我"没有世俗的价值取向。

⑨众人:大家。指一定范围内所有的人。下面用众人跟"我"对比。有余:老子是说众人满足自身物欲,知识很多。而"我"则是"遗",他跟"余"相对,应是不足的意思。

⑩愚:愚昧,戆直。一般的统治者都是"自智而愚人"的,而老子则以

“愚人之心”自赞，这是说圣人无意于世俗的贪欲聪慧技巧，深藏守一而无所表现，朴质而专一，有如北山愚公之“认死理”——带有老农的愚智。

⑪沌沌：愚昧无知的样子。以上为“我”与“众”的第二对比。第一对比侧重于嬉戏晏荒与淡泊纯真两种心态（或云处世观、幸福观）的对比。第二对比重在首句，即有余之众与不足之我的对比，后面则侧重于智愚知识的对比。

⑫俗人：世俗之人，这里指一般人；百姓、民众。昭昭：明亮的样子。这里用来形容俗人之明察秋毫，敏识小利。昏昏：糊涂、愚昧的样子。此承上智愚，但似乎注重于小我利益之明辨与否。

⑬察：明察、分辨，苛察。俗人的昭昭，都是由苛察小慧而来。他们急功近利，舍本逐末而背道忘身。闷闷：愚昧、浑噩的样子。这是说“我”对这些功利一无所识，舍末求本，保守其“道”。这两句俗、我对比，一是光明与黑暗，二是明察与混乱，此为明于小利，察于小功的俗智与若愚的大智之对比。

⑭惚：王弼本作“澹”，据河上公、帛书本改。恍：王弼本作“飂”，据帛书本改。这是把“惚恍”（也就是恍惚）分别放在两句的开头，仍然是迷离，难以捉摸的样子。这是用来形容得道者的冲漠难状。若海：言其无穷尽无盈竭。无止：直言无所止极的无限性。道本无限，故体道的“我”也无限。

⑮有以：有用，有为。众人均有世俗之用，对世俗而言自然是大有作为。顽：顽钝、愚顽。鄙：为乡巴佬无见识之称。以：王弼本作“似”，据帛书改。以：连词，表并列。这是“众”与“我”的第三对比，是就有用无用，有为无为的用世观而言。

⑯欲：据帛书加。人：即上面的“俗人”“众人”。贵：以……为贵。食（sì）：养，保。母：道。保养此道为我之所贵，贵道也就是贵身。这就是人生真谛要道，这可不是俗学末流的察察小智所能知晓的。至此与首句超

尘绝俗的宣言相呼应,重申返本的重要,即所“绝”与所“贵”相应,绝背道,贵体道。

〔译文〕

弃绝世间的显学就没有了忧愁。唯唯诺诺和大声呵斥,它们相去多少?美丽漂亮和丑陋难看,它们相差多远?人们所畏惧的,也不能不畏惧它!

荒远无边啊,那没有终极!

众人喜乐一团,好似在享用太牢大宴,又似在春天登台游玩;我却宁静淡泊啊,没有一点点形迹征兆表现,就像那初生的还不会笑的婴孩。绵绵延延啊,似乎没有什么归宿。

众人都有富余,可我却像不足,我是愚笨的心肠啊,一片混混沌沌!

俗人明明白白,我却昏昏沉沉;俗人洞彻明察,我却混乱不清。惚惚恍恍,像那无边大海;恍恍惚惚,像那无所止极。

众人都大有作为,我却愚钝粗鄙!

我想独自跟人家不同,看重那道的根本。

第二十一章　虚心

〔题解〕

本章河上公注本名“虚心”。一开始描绘“孔德之容”，实际是由道化生万物的过程之一。这里明确地说到物象，虽然恍惚、窈冥，但确是“真”“信”的存在。而且亘古常新，是万物生化的本源。

孔德之容，惟道是从①。

道之为物，惟恍惟惚②；惚兮恍兮，其中有象③；恍兮惚兮，其中有物④。窈兮冥兮，其中有精⑤。其精甚真，其中有信⑥。

自今及古，其名不去，以顺众父⑦。吾何以知众父之状哉？以此⑧。

〔注释〕

①孔德：大德、盛德。孔：通、大。容：状貌、容饰，仪容，法象。本章当以大德之状为释。本章盖由德叙道。“惟道是从”即“惟从道”，这一句式是对“道”强调的说法。这是说德从道来。德为道之显现，而其所以显现

的因由则是只从道来。

②为：造作，产生。物：万物。道本非物，而物由道生，这是说由道化生万物的过程。这一机理过程，是恍惚难明，不可测，不可证的。本句的“惟恍惟惚”跟下句的“恍兮惚兮”，都是对“恍惚”一词的拆解、转换、咏叹，体现了《老子》的哲理诗风格。

③象：物象。物象没有形体可描摹。于道中可见物之式样征兆。然此物象，具象也。盖心中想象可见之形，虽非幻象，亦非实物。犹如许慎言指事字而每曰“象形”，并非像实物形貌，而是心中想象之状况境地。

④物：实物、物质，实物强调其有形有体。这是说大道中自有具体之物存在，虽恍恍惚惚，然而确确实实。此接上“道之为物”而描绘，由道而象而物，由迷茫恍惚而渐趋实体，即空即有，即有即空，于迷离中见真实，于实物中悟大道。

⑤窈兮冥兮：窈冥的转换。窈冥：深远渺茫的样子。精：气之精。道对感官来说是无，然而无之中又实有精气存在。窈冥之中，觉其用而悟其质，于是人们有所领悟。

⑥真：真实的有。精之真是说虽恍惚迷离，但似深窈晦冥之无而真有。信：诚，专一不移。真有之道，化而为诚信之德。这是道化之固然，也是其必由之路。

⑦今、古：王弼本位置相反，据帛书本改。顺：王弼本作“阅”，据帛书改。父：王弼本作“甫”，据帛书改，下同。这是由今上推，就像第十四章“执古”“御今”。这是说，“道”是今天“强为之名”，而其实亘古即存，所以人们能“自今及古”。下一句所言不去之名，是恒名，也就是无名。顺：顺从，使……顺从。这是说道化而使万物始顺。母为万物之始，父也为万物之始。

⑧这是说“我”从哪里知道如此一切的呢？万物之始就靠这个道啊。

〔译文〕

大“德”之状的仪容,只是依从那大道。

道化生万物这一过程,就是那样恍恍惚惚。惚惚恍恍啊,其中有那征兆意象;恍恍惚惚啊,其中有那具体事物。深远幽冥啊,其中有那微妙真气。那真气非常纯真,其中有那诚信专一。

从当今推及上古,那恒名永存不离。用它顺从道化万物之始。怎么了解那根源如此呢?就是依据这些。

第二十二章　益谦

〔**题解**〕

本章河上公注本名“益谦”。这可以说是由曲至全的论述。就是说万物的形成,事件的发展绝非直线。应该经历的阶段是不能省略的,暂时的节省会带来长期的“补课”。所以,我们必须走曲折的路才能到达目的地。如此才完成圆满,所以叫“全”。这本是自然界的常情,人世间的习见。老子一说,居然有人以阴谋家视之,实在可悲。如果我们相信这是当时的俗谚,那就更不能说什么“阴谋”了。后面老子所强调的“执一”才能成为统治者,而统治者的美德就是不自是、不自见、不自伐以及弗矜。只有这样,才能皈依道。老子曲终奏雅,于章末重述曲全复归的道理。

曲则全[①],枉则直[②],洼则盈[③],敝则新[④],少则得,多则惑[⑤]。

是以圣人抱一为天下牧[⑥]。不自见,故明[⑦];不自是,故彰[⑧];不自伐,故有功[⑨];弗矜,故能长[⑩]。

夫唯不争，故天下莫能与之争⑪。古之所谓曲则全者，岂虚言哉？诚全而归之⑫。

〔注释〕

①曲：曲折，宛转。全：本是纯色玉，引申为齐全、保全。

②枉：弯曲。先秦文献多以枉、直相对。这一句老子不过说为正直而弯曲。曲、枉是就一己一私的部分而言，全、直是就大道整体而言。

③洼：深池，低凹。这就像用“谷”喻道，洼谷同为虚下而能受，注水而满盈。不过老子并非求盈，因“盈则溢”。

④敝：破旧。此句或如谚语所说：“旧的不去，新的不来。”这是新陈代谢的真理。此四句，一二以曲屈与全直（正）相对；三以地形喻盈虚，实喻人生；四言敝新，是代谢古今之事，就是变则通。

⑤“多”“少”相对这两句可以用专一精诚与歧路亡羊对比。道路过多反而迷惑的例子太多了。专一精神是守道不渝的说法，所以有下句。或云此六句为当时古谚成语，老子引以为释。

⑥抱：有坚执不放的意思。一：指道。牧：王弼本作“式”，据帛书改。牧：统治；法式。这是说，执道专一才能成为圣人，才可以驭天下（或成为天下表率）。

⑦见（xiàn）：即“现”。顽强地自我表现、表现欲，是小知小识者的通病；而圣人绝不自我表现，所以才明达。

⑧自是：即“自以为是”。彰：明显；显著。圣人不自以为是而非议他人，所以能彰显于世。

⑨伐：功勋，功业。自伐：自我夸耀。不自夸功所以有功不去。

⑩弗：王弼本作“不自”，据帛书改。矜：竞。弗矜：等于说不之矜，不跟他人竞争。长：长官。不竞争，不以强硬自居反而能为长官、首领。

⑪这是说无所驰骛追逐，呆若木鸡，因此制胜。要争的都已经没有

了,谁还能争?争,是跟相争的人争,谁还能跟不争的人去争?从争的双方至争的内容都决定了不争者超脱“争”境。超脱争境就能和天下。

⑫岂:难道。虚言:空话;假话。归之:指复归于道。本句可谓扣题,也证明“曲全”等六句是古语。从前不争而不能相争,所以能曲全其身,曲全其道。此非虚言,乃得道之言。最后以“曲”概括“曲全”。曲才真能全,才能复归于道。

〔译文〕

曲折才能圆满保全,屈斜才能直道公正,洼下才能包容充盈,破旧才能代谢更新,少取才能真正获得,贪多就会导致迷惑。

所以圣人坚守这“一”(“道”),才能成天下的表率。不自以为是,所以明达;不自我表现,所以彰著;不自我夸耀,所以有功;不跟人争逐,所以能成为君长。

正因为不与人追逐竞争,所以天下没人能跟他相争。古人所说的“曲折才能圆满保全”,难道是白说的吗?果真完全复归于道。

第二十三章　虚无

〔题解〕

本章河上公注本名“虚无”。它以“希言自然”开端，指出人工教令的非自然本质。然后以自然界的迅疾之物都不能长久为证，强调人道更不能强求，一切都要自然而然。从“故”开始进入下一层，指出求道得道，求德得德。得失由己，毋庸他索。

希言自然①。故飘风不终朝，骤雨不终日②。孰为此者？天地③。天地尚弗能久，而况于人乎④？

故从事于道者，道者同于道，德者同于德，失者同于失⑤。同于道者，道亦乐得之；同于德者，德亦乐得之；同于失者，失亦乐得之⑥。

（信不足焉，有不信焉。）

〔注释〕

①希：同“稀”。希言：寡言。第十四章说“听之弗闻，名曰希”。第五章说“多闻数穷”。道本不可道，名也不可名。名言教化实为糟粕，宣扬愈

甚，去道日远，故认为“希言”就是“自然”，也就是近于道。以上之释认为本句是判断句，绝不能认为“自然”是“言”的宾语，因为《老子》全书中说到“自然”的并不“希”少。

②飘风：疾风。飘：等于说飙，飙即扶摇，即羊角大旋风。这是说这样的大风不会在一个地方刮一早上。骤雨：暴雨，疾雨。终：在此当始终、自始至终讲，可译为整、全。此两句以急风暴雨不久长的自然现象作为例子，来论述下文。

③孰：谁。此设问与回答实际将头两句例子的含义深化。于是有后文的揭示。

④“天地”句：意谓迅疾之变纵然是自然现象也不久长，何况人为呢？人道应效法天道，那么人为的迅疾暴兴不可恃就是明明白白的了。

⑤从、事：两词并列，是说以道从，以道事；也就是从于道，事于道。从：随从。事：役使，承事。同：合。这是说从于道，为道所使者最终会跟道合同一致。德者同于德，老子认为从事于道则得道，反则失之。中间的“德”不过是比较、过渡。本句承前省略“从事于”三字。失者同于失，本句亦承前省略“从事于”三字。

⑥得：得道。失：失道。这里的道、德、失三承而三“同于”道、德、失。盖同声相应，同气相求。王弼本后面有“信不足焉，有不信焉”，此本第十七章文，盖注家复入正文。从帛书删。

［译文］

少用言辞教令是自然的。狂风刮不了整个早上，暴雨下不了整个白天。谁让它这样的呢？天地。天地尚且不能让狂暴长久，何况人呢！

所以追随道、侍奉道的人，跟道相合；追随德、侍奉德的人，跟德相合;追随失、侍奉失的人,跟失相合。跟道相合的人,道也就乐于得到他;跟德相合的人,德也就乐于得到他;跟失相合的人,失也就乐于得到他。

(统治者的诚信不足,就会有人不信任他。)

第二十四章　苦恩

〔题解〕

本章河上公注本名“苦恩”。帛书此段在第二十一章与第二十二章中间。其开头两句似与第二十三章前半相呼应。自然界的迅雷、疾风本不长久，人世间的踮脚、跨跃同样不能长久保持。而有关自是、自见、自伐、自矜的论述又同于第二十二章。不过后面以“余食赘行”形容这些家伙，他们过分卖弄，结果弄巧成拙，画蛇添足，成为世人所厌恶的，更不用说“有道者”了。

企者不立，跨者不行①。自见者不明，自是者不彰②。自伐者无功，自矜者不长③。

其在道也，曰余食赘行④。物或恶之，故有道者弗处⑤。

〔注释〕

①企：《说文》：“举踵也。”等于说踮脚。跨：《说文》：“渡也。”即大步跨跃。偶尔跨跃可以，但不能持久。此两句以行走喻下文之理。

②见（xiàn）：即“现”。“见”字本为“视”的完成体“见到”，这里是显

示出来的意思。自是：自以为是。彰：美盛鲜明，明显，显著。

③自伐：自夸，自夸其功。自矜：自负，自夸，自傲。长（zhǎng）：首长，首领。

④其：指以上四种行为：自见、自是（视）、自伐、自矜。在：对于。余食：多余的食物。赘（zhuì）：多余；无用，添增；附加。赘行：指赘瘤，指附生于体外的肉瘤，比喻多余无用之物。余食赘行：食多则餍，行多则骈赘，是谓“多则失”。或言“余食赘行”为古成语，所以用“曰”字。

⑤物：概括人、鬼、神而言，今之“怪物”指鬼神，而詈词“不是物”即不是人，“人物”同义并列，盖与“我”相对则为“物”。所谓内心、外物，心物二元。物或恶之：这是说他人厌恶。有道者弗处：有道者绝不以“多”处之。

〔译文〕

踮起脚不能久立，跨跃大步不能久行。自我表现的并不聪明，自以为是的并不昭彰。自我夸耀的不能成功，自我矜傲的不能成长。

这些自我对道来说，全是剩饭、赘疣。人神都会厌恶，所以有道的人不会拥有他。

第二十五章　象元

〔题解〕

本章河上公注本名“象元”。这是老子阐释“道”的本始性的重要篇章。首句无论是“物”还是“道”，都是素朴的、混沌的、原始的。它是绝对的同一，“独立不改”。它是天下万物的始源，“为天下母”。它是不可命名的，“道”“大”都是一些勉勉强强的名字，无论强调过程还是说明状态，这些名字只是一种无奈的选择。它的运行是一个无限循环的过程。人们是从天、地、人看到“道”的，而君王就是其中之一。最后，老子提出了“自然”的概念，它是人为的反面，是对文明的批判。所谓自然而然，就是顺应道化本身的样子发展，而除去任何人为的、外在的东西。

有物混成，先天地生①。寂兮寥兮，独立不改②。可以为天下母③。吾不知其名，字之曰道，强为之名曰大④。大曰逝，逝曰远，远曰反⑤。

故道大，天大，地大，王亦大⑥；域中有四大，王居一焉⑦。

人法地，地法天，天法道，道法自然⑧。

〔注释〕

①有物：指称道，道无形无质，不可感知，称“物”不过是一种方便；对一般人来讲，“道”似乎并非自我。而且本章要论述永恒的本体，所以姑且称之为“物”。混：借为溷、浑，浊。混成：强调道的生成是生动杂浊、生生不息的。先天地生：万物有始而道无始（庄子说“生生者不生”），此实言“先生天地”。也可以借喻其无始。总之，这是强调道是原始的同一，是万物的本源。在这一点上，它是先天的，超时空的绝对。

②寂兮寥兮：寂寥的转换形式。寂寥：无声音、无形体。独立不改：是说它绝对永存，独立特行，不会改变，是一个绝对的本体。王弼本此后有“周行而不殆”五字，据帛书删。

③天下母：天地万物的始源。道无名，这是因为它“混成”（不可分析的同一），“先天地”（超时空），“寂寥”（深远无形），“天地母”（始源），所以无法用概念对道加以指称。

④不知其名：恒道无名。字：用作尊名，是表德之名。道：是万物之所由，万物之所生，以此效用而有此尊名。强：勉强。为之名：给它命名。大：道本不可名，勉强命名是“取其可言之称最大”，所以叫“大”。然而说“大”，就不是“大”了。这不过是称述不可称述的道的喻指罢了。中国古时传统，子生三月起名，这是小名，多半是与体态特征有关。字据说冠礼时取来作为尊敬表德之称。但春秋连称多先字后名，如孟明（字）视（名），叔梁（字）纥（名）之类。《老子》即用其例，先字后名。字为表德，喻义难析，故对不可称述的道，全书往复喻驳，希望读者领悟。名为特点，虽为勉强，终可言说，故下文即从“大”申说，力图反观再现“道”的

奥妙。

⑤大:无所不包。曰:叫作;称为。逝:《说文》:“逝,往也。”这是说无所不往。远:强调道无所穷极,一往无际。逝曰远:这是说无所不往才能叫穷远无极。反:今作“返”,还归,回。反,是道物化的最终结果,也就是归根、复命、返回始源。由“大”至“反”,正是道自身的物化、化物的整个运行。世界就是道的运行罢了。

⑥道大:包罗诸天地,包容一切。天大:覆盖一切。地大:承载一切。王大:控制一切。四大,始于道而终于人(王为人之代表),由本体、自然而到社会。排列是递降的,效法则要反过来。楚简本次序为天、地,道、王,可看成相对应的两组。

⑦域:楚简、帛书作“国”,相通。是指定的义域,即在言说的范围之内,包括指称、意喻,无论虚实均属道的一种“体现”,一种本源的同一(始)化生出参差不齐的万物(母)所显现的各个阶段。王居一焉:这是强调王在四大中“居其一”的地位,可见《老子》绝非虚言,亦望用世,其用世之道见于后文。

⑧法:效法。自然:天然,非人为的。“道法自然”正是“道性自然”的结果。自然是自然而然,无须外力,无劳外界,无形无言,恍惚无为。这就是道的本性。

〔译文〕

有个东西是不可分离的整体生成,它永恒而先于天地发生。深静而又空阔啊,它独立永存而不变更。它可说是天地原初的根本。我不知道它的名称,只好表字说是“道”,勉强称名叫作“大”。无所不包的大就是无所不往的逝,无所不往的逝就是一往无际的远,一往无际的远就是归根复命的返。

所以说道大，天大，地大，王也大。在这域中有四大，而王就占了其中之一呀。

人效法地，地效法天，天效法道，道效法的是它自己——自然而然！

第二十六章　重德

〔题解〕

本章河上公注本名“重德”。本章的论述以重轻、静躁始，但着眼点是在君王身上。君王应该持重沉静，永远不离根本。特别是大国的“万乘之主”更不能“以身轻天下”。

重为轻根，静为躁君①。是以圣人终日行不离辎重②。

虽有环馆，燕处超然③。奈何万乘之主，而以身轻天下④？

轻则失本，躁则失君⑤。

〔注释〕

①根：根本、根基。静：静止；安静。躁：急躁；躁动。君：君主、主宰。在老子看来，在重轻、静躁这两对矛盾中，重、静处于主导地位。我们对轻重、静躁可以有三种对比：一是质量的轻重跟静止与运动；二是态度的轻浮与持重跟静观与躁动；三是权势的轻重跟权位的静躁。一是物态，二是人情，三是君术。虽有三类，但主导为静、重则无疑。

②圣人:通晓事理大道的人,也指在位的君王。终日:整天。辎重:外出时辎軿等车所载的衣物、箱笼等较重之物,后用以指军中器械粮草。辎重是出行之本,没有它就没有出行保障。

③环馆:王弼本作“荣观”,据帛书改。环、营同源,有周匝、回转义。环(营)馆:旅行止息之处,相当于逆旅迎客,当为喧闹甚躁之处。燕:同“宴”,安。处:居,跟行相反。超然:指离尘脱俗。这是说人生逆旅虽喧闹甚躁,但只要安处即可超然物外。

④奈何:怎么,为何。万乘之主:是春秋末期的大国君王(“主”,帛书作“王”)。以:因为。身:自身。轻:轻躁,轻率浮躁。轻天下:轻率浮躁地对待天下。这是说自身为贵而天下为轻,而当时君王却反其道而行,自身轻率浮躁。

⑤本:本身。君:指君位。此反承章首,亦有三义:一、轻不载重,故失本(重为轻根。根,本也);躁不制动,故失君(静为躁君)。二、轻率失持重之本,躁动失安静之心。三、无势则失国本,无位则失君王。

〔译文〕

重是轻的本根,静是躁的主君。所以君子整天在外出行,离不开供给后勤的辎车。

即使有人生旅舍的喧闹,安然处之就会超然物外。为什么万乘之主的君王,反而在天下把自身变轻?

轻就会失去本根,躁就会失去主君。

第二十七章　巧用

〔题解〕

本章河上公注本名“巧用”。其前半讲善行(者)、善言(者)、善数(者)、善闭(者)、善结(者)的技巧谋略。实际上这些谋略都是如何泯灭痕迹,立足于不可战胜之地。后半则是讲“袭明”和“要妙”的。这是一种利用天下一切资源来进行统治的方法。只要能有正确的态度,善与不善都能为我所用;否则就是迷惑。

善行无辙迹,善言无瑕谪,善数不用筹策①。善闭无关楗而不可启,善结无绳约而不可解②。

是以圣人常善救人,故无弃人③;常善救物,故无弃物,是谓袭明④。

故善人者,善人之师⑤;不善人者,善人之资⑥。不贵其师,不爱其资,虽智大迷,是谓要妙⑦。

〔注释〕

①行:行走。善行:等于说处无为之事。辙迹:车子行驶的痕迹。善

行无辙迹：无论是自然还是人事道理，我们这位“善行”者门可罗雀，绝无车马通达之迹。善言：行不言之教。瑕谪：玉上的斑痕。比喻缺点、过错。数(shǔ)：计算；查点。筹策：计数用的小棍，可以用它摆列算式，进行复杂计算，是为筹算。善数不用筹策：相当于庄子所云“以神遇”而“不以目视”者。

②关楗(jiàn)：关门的木闩；横的叫关，竖的叫楗。启：王弼本作“开”，据帛书改。结：用线、绳、草等条状物打结。约：绳索。解：解开。这里先以门户喻，不用关锁也开不开。再以打结喻，不用绳索也解不开。所以闭户上锁不如“藏天下于天下”，以无为处之。

③无弃人：这是讲圣人对人的恒常之道，善救无弃。纵使其人自暴自弃，圣人也能救他。因人之长而用之，因人之性而为主。以天下之人治天下，以自然无为之道教天下之人，一视同仁，无亲无疏，均救之，不弃之。

④物：万物。圣人于人于物，都在道的一体包容之中，故无弃物。袭：掩藏；因袭。以上言圣人之明，救人救物，一视同仁，故无所弃。救是救在归根，复命上。而“复命曰常，知常曰明”(见第十六章)，所以叫“袭明”。

⑤善人之师：王弼本句前有“不”字，据帛书删。这只是为善人说法。

⑥资：等于说凭借，也可以引申为鉴借。孔子也说：“三人行，必有我师焉。择其善者而从之，其不善者而改之。”但老子似缺乏宗教家的热诚、勇力、偏执。

⑦贵：认为……贵重。大迷：大迷惑。虽智大迷：世俗之扰，智者亦不免，所以是大迷惑。要妙：微妙要道。请参阅第一章之“观其妙”。

〔译文〕

善于行走的没有通达痕迹；善于言谈的没有瑕疵过失；善于计数的不用筹策来数；善于关闭的用不着门闩关门，却谁也不能开启；善于打结的不用绳和索，却谁也不能解开。

所以圣人恒常善于救人，一视同仁没有被抛弃的人；(圣人)恒常善于救物，万物均等没有被抛弃的物。拯救一切回复永恒的光明。

所以善人啊，是善人的老师；不善的人啊，是善人的凭借。不尊重老师，不珍惜凭借，虽说智慧却是痴迷！这就叫微妙虚无的要道。

第二十八章　反朴

〔题解〕

本章河上公注本名“反朴”。本章开始谈知阳动而守阴静，成为溪谷而甘居下游，这样才能保持恒德，复归婴儿的天真纯朴。或云这就是老子主阴柔之意。下面则谈进入文明之后“朴散为器”，而理想的君王（圣人）因利乘便，设置官长；不过他还是要保留纯朴，所谓“大制无割”就是这个道理。

知其雄，守其雌，为天下溪①。为天下溪，恒德不离②。恒德不离，复归于婴儿③。

知其白，守其辱，为天下谷④。为天下谷，恒德乃足⑤。恒德乃足，复归于朴⑥。

朴散则为器，圣人用之，则为官长⑦。故大制[无]割⑧。

〔注释〕

①知：泛指了解。其：特定的指示代词。若指自己，则是了解自己的

正面(或负面);若指世事,则是了解外界的正面(或负面)。即对自己或外界的动态趋势要有确切的了解。雄:雄性。守:本为官府,这里有保守、确认之义。雌:雌性。这是以自然界的雌雄动物为喻,或喻尊卑,或喻先后,或喻动静,或喻刚柔。总之,雄性为阳刚躁动之象,雌性为阴柔谦静之象。这是说要确保自己或外物的稳定状态。溪:出于山入于川为溪。为天下溪:用来比喻谦下,涵容天下。

②本句是说有谦下涵容之量,那么恒常之德便不离开自己了。

③恒德不离:据帛书加。复归:回复;返回。老子主张人道效法天道,文明智慧皆是滚滚红尘对人本性的玷污。所以和儒家以修养来追求成人不同,老子必须逆向求道,去除文明污染,因而赤子之心难能可贵。只有婴儿全其德,保守本性,所以以“复归”为言。

④知其白:三字后王弼本有“守其黑,为天下式。为天下式,常德不忒,复归于无极。知其荣”二十三字,据《庄子·天下》所引删。辱:黑。以辱对白为自周至汉古义。第四十一章“大白若辱”可证。谷:通川之泉。老子喜以谷喻道,言其卑下而又无所不出也。“虚怀若谷”,亦人之所贵。

⑤恒德:指始终保有的品德。足:充足。

⑥朴:本指未加工过的原木,此喻道的素朴状态,也是修道者应效仿的状态,所以“复归”。此两段其共同结构为:“知甲守-甲,为天下乙,恒德不丙(或恒德乃-丙),重复上句,复归于丁。”甲为阳动之状,-甲为阴静之容,乙为下流汇聚之所,丙为离异差错,-丙为自足安固,丁为素朴之象。简洁言之,甲、-甲是现实世界一分为二的存在,人们对此应或知或守,而由甲至丁便是复归。实际上是逐步化于道。

⑦散:由聚集而分离;大道演化为万物必失其素朴状态,这就叫散。器:器具;指有形的具体事物。器为道演化之一部分,这也是散。当然,器用为实,非道朴之为;然器实有用,却是道之所以为。犹第十一章“有之以为利,无之以为用”。圣人:老子理想的国君帝王。用:因,凭借,顺因。

之:一般以为是朴,或以为器,犹孔子言子贡:“女,器也。”以喻可用之人。官长:长官。这是说圣人顺势利用万物而为君王。

⑧制:《说文》云:“裁也。”故字从刀。割:本用刀分割,但可释为害。无:王弼本作“不”,据帛书本改。无割:无害。这是说对朴不损伤,没害处。《庄子》所谓报浑沌之德,“日凿一窍,七日而浑沌死”。这可谓有割伤朴之例。只有无割才能存朴,是为大制。

〔译文〕

了解雄健阳刚,确保雌伏阴柔,成为水流汇下的山溪。成为水流汇下的山溪,恒常之德就不会脱离。恒常之德不会脱离,就会回复到天真的婴儿。

了解洁白,确保昏黑,成为水流涌出的山谷。成为水流涌出的山谷,恒常之德才能充足。恒常之德充足,就会回复到天生的素朴原木。

素朴消散的各种用器,圣人顺势而成为君王。所以大治理一无所害!

第二十九章　无为

〔题解〕

本章河上公注本名“无为”。它可分为两部分：前一部分说明天下神器是不能人力强求的，如果硬要去做，只能失去。后半指出正负相生，所以理想的统治者必须把握住自己，不能过甚、过分、奢侈。

将欲取天下而为之，吾见其弗得已①。天下，神器也，非可为者也②。为者败之，执者失之③。

故物或行或随，或歔或吹，或强或羸，或载或堕④。是以圣人去甚、去奢、去泰⑤。

〔注释〕

①为：有为(wèi)之为(wéi)，是有目的、有所作为的“有为”。这实际是妄为、胡为、为所欲为。弗：王弼本作“不”，据帛书本改。已：矣。弗得已：不能得到它(指天下)了。天下不是取来的，如果硬要去取，那是得不到的。

②神器：等于说神物。“神”用来描绘其妙不可测，“器”则如上章强调

器用。非可为者也:不是个人所可强为的。非:据帛书改。者:据帛书加。盖此趋势为时代、社会之潮流,自有其神力在。

③为者败之:用有为来治天下的人必败。天下应无为而治。执:捉拿、拘捕,引申为执掌、控制。执者:相当于今天的抓住印把子、枪杆子之类。执者失之:抓得越紧,斗得越狠,就越会失去。直言必以自然无为治天下,否则必败、必失。天下应无为而治,为却是有为为政,所以失败。

④物:或谓事物,或指人物。或:有的;有。随:随从。行前而随后。行者主动,随者服从,虽有主次不同却相伴共生。歔、吹:出气急是吹,缓是嘘。急吹就冷,缓嘘就温。“惩羹吹齑”,是要吹冷;“嘘寒问暖”,则是呵暖他。这就是嘘、吹的区别。强:强大。羸:羸弱。强大羸弱正是一对反义词。载:王弼本作“挫”,据河上公本改。堕:王弼本作“隳”,据帛书本改。总之此四句格式均为“或甲或负甲”,“或”如前所言即“有”,这是说有正甲必有负甲。物必具两端,犹一纸无论多薄,必具两面。这是给“无为而无不为”以举例说法。也是阐述前文,言追逐必失,有为必败——走向反面。

⑤甚:指贪淫声色。奢:指服饰饮食奢侈。泰:指宫室台榭华丽。甚、奢、泰,都是就人情,特别对君王最具诱惑者而言。事物过甚就向对立面转化。国平无事则侈靡,侈靡则凋蔽,民怨沸腾。有如蜩螗(tiáo táng),此时国亡无日矣,何若无为自然之恒常永久!

〔译文〕

要想取得天下而靠“有为”治理,我看那是不能成就它的呀!天下是神圣的器用,不是可以用“有为”来摆弄的呀。有所作为就会败北,抓住不放就会失去。

天下万物有前行也有后随,有嘘暖也有吹寒,有刚强也有羸弱,有乘载也有坠落。所以圣人要去掉太甚,去掉奢侈,去掉过分。

第三十章　俭武

〔**题解**〕

本章河上公注本名“俭武”。这是老子的战争论，他是明确反对战争的。辅佐“人主”应该用“道”，而不是“兵强”。王弼本所描绘的战争即灾难的景象十分生动，可以说是经典性的描述。其次是善战者只要有战果即可，千万不能骄矜自傲，无理逞强。楚简到此为止。王弼本后面还有一段，论述“物壮则老”，不能等到事物发展到了反面再来补救，那可是要早早完蛋的“不道”！

以道佐人主者，不欲以兵强于天下①。其事好还②：师之所处，荆棘生焉③；大军之后，必有凶年④。

善者果而已，不以取强⑤。果而勿矜，果而勿伐，果而勿骄，果而不得已，果而勿强⑥。

物壮则老，是谓不道，不道早已⑦。

〔**注释**〕

①佐：辅佐。人主：人君，君主。欲：据楚简本加。战争是所不欲，哪

怕取得天下也不想要。以:凭借。于:据楚简、帛书本加,用来引进比较对象。老子对“执国命”之“陪臣”有所讽。当然主调仍为强调战争的破坏性以为君王之鉴戒。此开宗明义表明对武力的态度。

②其事:兵,战事。还:还报,报应。战事后果虽有响应迟速之别,但必有报还,肯定自遗其祸。

③师:军队。处(chǔ):停留,居住。所处:即停居之地。荆棘:泛指山野丛生多刺的灌木。荆:落叶灌木。棘:酸枣树。焉:于此。

④凶年:荒年。所谓兵荒马乱,人祸天灾。难怪古人要以凶戾之气视之了。帛书无“大军……凶年”八字。楚简则无“师之……凶年”四句。

⑤善者:指善兵者,善于用兵的人。果:本来是果实,这里指成果、战果。这是说有道之善战者只要有战果就行了。不:王弼本作“不敢”,据帛书、楚简本删。以:“以战”的省略。本句告诫人们不要用战争获取强大。此重申第二句,并启后五句。

⑥帛书此五句依次为骄、矜、伐、得已、强。骄、矜、伐义近,“已”见前注释。这是说有战果而勿用骄、矜、伐。战必慎、必速决,而三申勿强。楚简本作“果而弗伐,果而弗骄,果而弗矜,是谓果而不强,其事好”。后面有短横分断。这里没有“果而不得已”,从句式上来看,楚简似更整齐。笔者怀疑本章句次或有错简,但楚简本亦非全章,仅为摘录而已。

⑦物:由军事而泛指事物。壮:强壮;壮盛;盛大。则:帛书作“而”。作“则”强调如此条件下后果之严重,作“而”则自然而然。从军事上看,虽师直为壮,但兵老气衰,犹物(人)壮则老一样。这就叫“不道”。有人说,不道是不行道,或云不得道;总之,是背道而驰。不道就会早死。已:止,转义为亡。此警告玩火者必自焚,玩弄战火必早死,特别是那些背离大道的人。

〔译文〕

用道来辅佐国民的君主,绝不想用兵来强过天下。那种事情总喜欢还复回报：军队驻过的地方，荆棘就会长满；大仗打过之后，一定会有荒年。

善于用兵的人只要战果罢了，绝不敢用它来博取强大。有战果而不矜傲，有战果而不炫耀，有战果而不兵骄，有战果而出于不得已，有战果而不博取强大。

万物强壮了就会衰老，这就叫作“不道”，不道就会早早衰亡。

第三十一章　偃武

〔题解〕

本章河上公注本名“偃武”。本章继续论述战争是“不祥之器”，是和君子之道背道而驰的，国君应该“不得已而用之”。老子明确地说，以战争杀人的人，是“不可以得志于天下”的。战争即使获得胜利，也应该“以丧礼居之”。

此章反复申说老子之反战思想，似宣叙调而实咏叹调，有人疑其庞杂，说是疑注文掺入，或者后人发挥而成，这是对其文体认识不同的缘故，观楚简、帛书当知。本章押韵亦多用字尾，盖鱼、歌通，之、微通，冬、蒸通。另外，老子为史官，精通礼制，古籍记载孔子曾向老子问礼。此中多丧礼、凶礼之言，亦其为礼学专家之证明。

夫兵者，不祥之器[①]。物或恶之，故有道者弗处[②]。

君子居则贵左，用兵则贵右[③]。故兵者不祥之器，非君子之器，不得已而用之[④]。恬淡为上，胜而弗美[⑤]。而美之者，是乐杀人[⑥]。夫乐杀人者，则不可以得志于天下矣⑦。

故吉事尚左，丧事尚右⑧；是以偏将军居左，上将军居右——言以丧礼处之⑨。故杀人之众，则哀悲莅之⑩；战胜，则以丧礼处之⑪。

〔注释〕

①夫：表示要发议论的句首语气词。王弼本作“夫唯”，据帛书本删。兵：兵器。不祥：不吉利。器：器械。它既可泛指工具器皿，也可特指武器。老子用“器”字，一则类似于今人的“东西”，泛指人为之具；二则有所盛，有所受（第二十九章“天下，神器也”）。兵器，它所盛所受不是饮血就是戗生，皆非祥和，所以说是“不祥之器”。这就是老子对战争的总判断。

②物：人。或：有。这是说战争众人都厌恶它。有道者：指有道之君，即“圣人”。弗：其后当蕴含宾语“之”（指代“兵”，即战争）。

③贵：崇尚；重视；以为宝贵。左、右：盖生死阴阳之分。《逸周书》言“吉礼左还”，“武礼右还”。或云楚俗，亦古礼之一。这是说用兵非平居之常事，乃不祥之凶事，也就是后文“吉事尚左，丧事尚右”。

④故：所以。据帛书、楚简加。此承上而用“故”，用兵非君子首选，再申“不祥之器”，于是有“不得已而用之”。这是说，一、不主动用兵以博取强权；二、迫不得已将用兵以自卫，这是非放弃武备的主张；三、用之适可而止，即上章“果而不得已”。

⑤恬淡：清静淡泊（帛书甲本作“铦袭”）。弗：王弼本作“不”，据楚简本改。美：称美；赞美。胜而美之就是炫耀武力，嗜血好战，所以“弗美”。

⑥乐：乐于，喜欢。乐于杀人当然违背老子一贯的“贵生”思想。

⑦得志于天下：可见老子此章也是为“人君”“人主”说法。

⑧吉事：吉祥之事。古指祭祀、冠礼、婚嫁等。尚：推崇，崇尚，以……

为上。丧事:泛指人死后殓奠殡葬等事宜。丧:王弼本作“凶”,据楚简本改。此处启下文“丧礼”而言;后人以吉凶对举,故改为凶。此承前贵左、贵右而言其吉凶生丧。

⑨是以:因此。二字据楚简本加。偏将军是将军的辅佐,在将军中的地位较低,通常由帝王拜授。居左:居于阳位。偏将军位卑而居阳位,是因为不专杀。上将军:行军作战时军中的主帅。居右:丧礼尚右,故将军尊者居右。这是说兵事为丧凶之事。

⑩则:据楚简本加,下同。莅:临。指临丧。此字王弼本作“泣”,据楚简、帛书本改。

⑪丧礼处之:据说古代战胜,将军处于居丧主礼的位置,素服而哭,有如丧礼。

〔译文〕

兵械,是不祥的器械。人们都厌恶它,所以当国君的不应处在刀兵之中。

君子安居以右为尊贵,用兵打仗以左为尊贵。所以兵械是不祥的器械,不是君子安处的器械,万不得已才使用它。那也是淡泊于武器的锋芒为上。战胜了也不能赞美它,如果要赞美它,这是乐于杀人啊!而乐于杀人的人,那可不能得志于天下。

所以,吉祥的事崇尚左,凶丧的事崇尚右。因此卑下的偏将军在左,尊贵的上将军在右,这是用丧礼来对待的呀!所以杀人杀多了,那要以悲哀面对;战争取得胜利,那要用丧礼处理。

第三十二章 圣德

〔题解〕

本章河上公注本名“圣德”。本章先从道的恒常无名说起，指出侯王必须“守之”，万物才能宾服。可见仍为侯王说法。楚简于此分断。后面的道已从无名化生出天地有名的世界，所以民众用不着教令就都会自我平安。面对此岸的有名世界，正确的态度就是“知止”，这才能不危险。最后以江海与小谷来比喻大道与天下，此喻实际如庄子所言，人之求知，是以有涯随无涯，那是危险的。

道恒无名，朴虽小，天地弗敢臣也①。侯王若能守之，万物将自宾②。

天地相合，以降甘露③。民莫之令而自均④。

始制有名，名亦既有，夫亦将知止，知止所以不殆⑤。譬道之在天下，犹小谷之于江海⑥。

〔注释〕

①恒：王弼本作“常”，据楚简、帛书改。此“道”即首章之“恒道”。

“无名”也见于首章，为“万物之始”。恒道不可道，恒名不可名。此重申道的恒常性与不可言说性，非概念性。朴：是说道的素朴性、原始性。它尚未分化，混沌一体。天地：王弼本作“天下”，据楚简本改。它跟“朴”一小一大对应。弗敢：王弼本作“莫能”，据楚简、帛书本改。无限大与无限小都是道的性质，而道是至高无上的，所以“朴虽小，天地弗敢臣”。

②侯：诸侯。王：天子。守之：守朴，也就是守道。万物：万人，指臣民百姓。宾：宾服。这是说诸侯要守其无名，保其原始素朴之道，则全民宾服。楚简本此句后有墨钉分节号。

③相合：相应和。甘露：甘美的露水。这是说阴阳调和，天地交泰，故有此天降甘露。

④莫之令：即莫令之。意谓道化天下，没有什么需要教令的。自均：自然平均。

⑤始制：指道的制作演化。始制有名：道由无名而有名，于是天地万物由道化生。知止：知道应该在的处所。万物分化之后，名也就有了，因而才有分辨、争夺。这时对纷纭万物应不求不琢，这就叫“知止”。所以：王弼本作“可”，据楚简本改。不争名，知道道止在何处，才能不危殆。这是对现象界(现实社会)的唯一正确态度。

⑥小谷：王弼本作“川谷”，据楚简、帛书本改。此以小谷与江海譬喻道在天下是无为自得，自然之势。楚简本此句后有分段的墨钉。也就是说，本章楚简本为两章。

〔译文〕

道是恒常的“无名”，素朴纵然精妙微小，天地间谁也不敢压服它。诸侯天子如果能永恒地保有它，所有的人都会自我宾服的。

天地阴阳交泰，有如甘露降下山谷。民众也不用上面的教令,自己就能均平的呀。

道开始演化出有名号的世界。既然有了上下纷纭的名号,也就应知站在何处。知道站立之地就可以不危险。比如道在天下存在,就像小小溪谷和大江大海一样。

第三十三章　辩德

〔题解〕

本章河上公注本名“辩德”。这是老子谈论人的修养的：要有自知之明，能够战胜自己，知足为富，坚行践道为有志，不失大道才能长久，死而不忘是长寿。

知人者智，自知者明①。
胜人者有力，自胜者强②。
知足者富，强行者有志③。
不失其所者久，死而不亡者寿④。

〔注释〕

①知人：指能鉴察人的品行、才能、心性。知人者智：这是说感知外部世界（包括他人），即对现象界的认识，这属于知识范畴，所以叫“智”。明：有视力好、洞察一切的意思，所以是智的所从出。自知者明：自知则属内心体验，反省于道，至大无上，所以叫“明”。由此而有成语“自知之明”。

②胜人者有力：胜人等于说征服世界，改造世界，只有有力者才能行。强：指有余力。自胜者强：“自胜”则要“克己”，复归于道。《老子》第十六

章云“知常曰明”，以知恒常之道为明，这就是前句义。这里用“强”来说明在“有力”之上的层次，只有克己守道，方能化万物而无为。今日时髦的“战胜自我”，其实老子早已提出。这两句都是就外部现象界与内心体验相对而言的。

③知足：指自知满足，不做过分的企求。知足者富：这是承第一句。有自知之明，那就不用等待外物，所以是富。强行：指自胜者的行为。强行者有志：有自胜的豪强，那就不会被外部变化阻碍，所以是有志。第一句，是说知，为省悟；第二句是说行，为体道。所以前半承第一句以精神的富足收之；后半承第二句，以勤行之志收之。

④失所：是指不得其应处之所。不失其所：这是指不失去前文的明、强、富、有志而言的。死而不亡：这等于说精神不死，永志不忘。这便是修道者的极致。

〔译文〕

知道了解别人就叫智慧，知道了解自己就叫明白。

战胜别人是有力量，战胜自己才是豪强。

知道满足就是富有，顽强奉行就是有志气。

不失去立足点的就是永久，永志不忘的死亡就是长寿。

第三十四章　任成

〔题解〕

本章河上公注本名“任成”。本章概述道之体用，是从无名、无欲角度谈道的无限，其中既有无限大，又有无限小。而圣人就应该与道相合，“以其终不自为大，故能成其大”。其实还是顺应自然。

大道泛兮，其可左右①。成功遂事而弗名有，衣养万物而不为主②；恒无欲，可名于小③。万物归焉而弗为主④；可名于大⑤。以其终不自为大，故能成其大⑥。

〔注释〕

①泛：浮泛，泛滥。大道泛兮：这里形容道的广博，无往不在。其可左右：这是说道无所不至，所以可左可右。

②成功遂事而弗名有：王弼本作“万物恃之而生而不辞，功成不名有”，据帛书改。名：命名。成功遂事：即道生化万物之事、之功。弗名有：第十七章说“功成事遂，而百姓皆曰：‘我自然也。’”，这是道化自然之事，而非私有、领有、占有者。所以不用“有”命名。衣（yì）：等于说包裹，覆

盖。衣养万物而不为主：道生养万物而不加主宰，毫无私欲，纯任自然。

③恒，王弼本作“常”，据帛书本改。可名于小：第三十二章论道“道恒无名，朴虽小”，是从素朴无名来讲的；本章是以“恒无欲”“以观其妙”的角度来评论，说明道的微小玄妙，也是一种无限的实在。

④归焉：指归于道。弗为主：不给万物当主宰。这是说万物复归返道之势，亦无主使，同为自然之趋势。

⑤可名于大：可以用大来命名。道无所谓大、小。第二十五章“强为之名曰大”，是谈道的无限大。依帛书则大、小均承归根、复命，尤其可见道是无限，可大可小，亦大亦小，非大非小。此章重点在此，而常人在现象界中不妨从无限大、无限小这两端去悟道。

⑥不自为大：不自以为大；不有目的地去追求大。成：成就。这是承前而言建圣人之大业，但必定“不为大”而“能成大”。这个“为”，是有所为。也就是说，不有目的地去追求大，才能成就大。

〔译文〕

道是那样广博浮泛，可左可右，无所不到。功业成就而不名为己有，万物复归于道而道不主宰，那就是恒常“无欲”啊，可以叫作玄妙的微小。万物复归于道而道不主宰，可以叫作无限的巨大。因为圣人并非追求巨大，所以才能完成这巨大。

第三十五章　仁德

〔题解〕

本章河上公注本名“仁德”。本章指出圣人之治就是执守大道。虽然道是淡而无味、无形无声的，但却是永恒的无限存在。所以只要执守它，就能使天下归往。

执大象，天下往①。往而不害，安平太②。

乐与饵，过客止③。道之出言，淡乎其无味④。视之不足见，听之不足闻，用之不足既⑤。

〔注释〕

①大象：即道象。第四十一章言“大象无形”，也就是无形无象，这就是说道。执：持守，抓住。道本不可执，这是用执象来比喻守道。天下往：(使)天下(之人)归往。其实让天下人来或取天下都是为后王说法，而本章所论实为圣人之治。

②安：自由；安宁。平：平等；平和。太：合群；通泰。此承前句“往”而言。主体或云圣人，或云民众。无论是谁，总之并无伤害。

③乐：音乐。饵：糕饼，泛指食物。过客：过路的客人；旅客。止：使……

止步。这是说音乐与食饵这些诱惑必然会使“过客”为之止步！这也算循循善诱。然而见效虽速却不恒常。这是用来比喻一般的“可欲”之物的诱人。那么“道”对求道者，当然更是止息之所了。

④言：通行本作“口”，据楚简、帛书本改。这里的言不及味就像孔门“言不及义”。老子之道本不可言，故虽云言也必淡而无味。今之“扯淡”或趋于闲侃，但亦为无为之言。“淡”“味”，上承前之“饵”，犹第六十三章“味无味”，此乃大道之真味。

⑤视、听：与第十四章“视之弗见，名曰微；听之弗闻，名曰希”遥相呼应。重申大道无形无色无声，不可被感知。既：尽。此由道体无限说到道用无尽，但重点仍在道体。楚简本句后有墨钉分断。

〔译文〕

执守那广漠无垠的形象，天下人就都会招致归往。归往而没有伤害，那就是安乐、平和、通泰。

悦耳的音乐与美味的食物，会使路过的客人止住脚步。然而大道的言说，却那样淡淡的没有滋味。看它，不会看见；听它，不会听到；用它，不会用尽。

第三十六章　微明

〔题解〕

本章河上公注本名“微明”。本章首先阐释“微明”。这本是事物发展的必然规律,但是在人类社会,很多人都不能认识,所以名为相反相成的“微明”。或疑此为阴谋权术,对于后世学习者,如韩非之流,确实悟得此术,但非老子之意。接下来论述“邦之利器,不可以示人”的道理。

将欲歙之,必固张之①;将欲弱之,必固强之②;将欲去之,必固与之③;将欲夺之,必固予之④。是谓微明⑤。

柔弱胜刚强⑥。

鱼不可脱于渊,邦之利器,不可以示人⑦。

〔注释〕

①将欲:将要;打算。歙(xī):吸,收缩,收敛。必:必须;一定。固:坚固;固执。

②弱之:使它软弱。强之:使它坚强。这是说势强必弱,也是后文“柔弱胜刚强”之意。

③去、与:王弼本作“废”“兴”,据帛书本改。“去”(离开)、“与”(跟随)正好相反,“去”则远,“与”则近。

④夺:强取。予:赐予;给与。王弼本作“与”,据帛书本改。夺走与给予正好反义。此四者是物理,也是人情(欲),有人认为出自“天”意。这些语句,其句式为“将欲甲之,必固负甲之”。“欲”为将然之词,“固”为已然之词(纵使是暂时的已然)。也就是说,为了将来的正面,就不得不必然进行负面。老子认为“反者,道之动”。既然事物发展必然走向反面,那么我们就在反面去等待事物的反反面——正面好了。

⑤是:指以上四事,此皆走向对立面的发展,是自然趋势,毋庸外力,更毋庸揠苗助长地帮倒忙。微明:知幽眇之理而收显著之效。按:“微”可训隐微、暗匿,正与明相反;“微明”一词可谓相反相成。是谓微明:这是精微而明确的规律。

⑥柔弱胜刚强:老子重征兆、重未来、重趋势,所以甘守柔弱。这是发展的辩证法,是事物的规律而非“阴谋”。

⑦邦:通行本作“国”,据帛书甲本改。脱于渊:从水中脱离。渊:深潭。这是用《诗》:“鱼潜在渊,或在于渚。”上句以“鱼不可脱于渊”(《庄子·胠箧》)喻圣人不可离于道。而圣人者,邦之利器也,不能给人看,让人学样。否则必将“重利盗跖”而不堪设想。

〔译文〕

将要收缩它,必须扩张它;将要削弱它,必须增强它;将要远离它,必须靠近它;将要夺取它,必须给予它。这就叫隐微而明白。

柔弱的会胜过刚强的。

就像鱼不能脱离深水,国家的赏罚权谋是不能给人看的。

第三十七章　为政

〔题解〕

本章河上公注本名“为政”。这还是为天子诸侯说法：必须保守这无为的道，才能把握万事万物。面对物欲，只能回到纯真的“朴”。而在安静的大道面前，“万物将自定”，一切都会迎刃而解。

道恒无为也①。侯王若能守之，万物将自化②。化而欲作，将镇之以无名之朴③。镇之以无名之朴，夫亦将知足④。知以静，万物将自定⑤。

〔注释〕

①道恒无为也：王弼本和帛书本后面有“而无不为”四字，据楚简本删。无为：不为什么，即顺应自然。这是对道做一个判断。

②侯：诸侯。王：天子。侯王用来指国君、统治者、人主。侯王守道自然，万物自然道化。

③化：承上用顶真格。作：萌生。欲：欲望。镇：博压；重物镇压就安固。无名之朴：指道。天下向往归化，所以侯王的大欲萌生时，为防“欲

作”,必须用素朴无名的道来止欲定心(楚简本无“吾”字,主语承前当为“化而欲作”的“侯王”)。

④夫:指代前文之万物、侯王。亦将知足:王弼本作“无名之朴,夫亦将无欲”,据楚简本改。夫亦将知足:在“朴”的重镇之下,那么人们将知道满足。

⑤知以静,万物将自定:王弼本作“不欲以静,天下将自定”,据楚简本改。知:知足。知足又清静,万物将会自然平定。

〔译文〕

道是自然无为的。侯王如能保有它,天下万物自然道化。大道化育欲望产生,将用素朴无名的道来安定它。那就将是知足,知足又清静,万物将会安定。

下篇

第三十八章　论德

〔题解〕

本章河上公注本名“论德”。这里所谈论的“道、德、仁、义、礼”是老子对人类意识形态发展历史的概括，也可以说是老子的精神现象学。老子所强调的依然是纯朴厚重的守道者的态度，而不是浮华喧嚣的文明时尚。

上德不德，是以有德[①]。下德不失德，是以无德[②]。

上德无为而无以为[③]，上仁为之而无以为，上义为之而有以为[④]。

上礼为之而莫之应，则攘臂而扔之[⑤]。

故失道而后德，失德而后仁，失仁而后义，失义而后礼[⑥]。夫礼者，忠信之薄，而乱之首[⑦]。前识者，道之华也，而愚之首[⑧]。

是以大丈夫居其厚，不居其薄[⑨]；居其实，不居其华[⑩]。故去彼取此[⑪]。

〔注释〕

①德:是道的体现。上德:指得道之人、体道之士,对道体现完满,所以叫“上德”。不德:不以德自得,不斤斤计较有德无德、德大德小。正因为自然体道,所以道才常在不失,所以才永恒地“有德”。

②下德:指世俗之有德者,实际并未得道、体道。他们都自以为得到了德,斤斤计较有德无德、德大德小。既然与道相异,所以自然背道而驰,这就是“无德”。

③无为:作为而没有任何目的。无以为:是说没有用来作为的任何凭借。这是说上德之人自然无为,因此才无所不为,而下德之人有企求有目的,是功利行为,所以他做事是“有所以为”(有以等于有所以),即有其目的。王弼本此句后有“下德为之而有以为”八字,据帛书删。

④上仁:指博爱于人的人。这样的人是不求施恩图报的,因而是“无所以为”——无功利目的。上义:至义者,拥有最高义的人。义:适宜。崇尚某种对等的原则,讲究权利义务的适宜。这种人做事当然是有原则性的,是功利性的,所以是“有所以为”,即有其目的。

⑤上礼:崇尚最高礼的人。礼是社会规范的形式,礼仪、礼节都要求外在的表现形式,而且对不同等级的人有不同的要求。莫之应:没有什么相应的。这是说他内心的,即使外表做到了这一礼仪。攘(rǎng)臂:振臂。扔:引导。攘臂而扔之:这是硬要让人家在形式上按礼仪去做。其实是虚伪。礼并非按仪式行酒唱歌就行了的,但社会上的人追求的恰恰是虚伪的形式。老子肯定道而否定仁、义、礼。

⑥道、德、仁、义、礼:这是递降排列,愈来愈失去素朴无形,不可命名的状态而愈来愈趋于似乎严整、外表浮华的状态。

⑦忠信:忠诚信实。薄:浇薄,稀薄。乱之首:祸乱的开端。礼的规定正是表明对人心的不信任和怀疑,所以才用繁文缛礼来制约人。但外表

的规范制约无补于人心的混乱，所以是忠信的淡薄，是祸乱的开端。

⑧首：王弼本作“始”，据帛书本改。前识：是识在事前的先知，是识在人前的智士。他们不虚心体道，却炫耀其智慧的臆测。这种人，是道的浮华无根，是以人为愚而自己也成为愚蠢的开始；背离大道就是真正的愚。

⑨大丈夫：等于说伟人，也可以说是人格伟大之人。居：第一个居，王弼本作“处”，据帛书改，下同。厚：朴实淳厚。反实为华（华而不实），反厚为薄。世态人情之薄源于离道，故非伟人所居。

⑩“居其实”句：这是说，取朴实而弃浮华。

⑪故：所以。去：除去。彼：指浮华浇薄。此：指朴实淳厚。

〔译文〕

上德之人不以德自得，所以其德恒有。下德之人总是不失德，所以其德实无。

上德之人不为什么而又无所不为，上仁之人做什么而没有动机，上义之人做什么而有其动机。

上礼之人做什么而没人从内心响应，那就抡起胳臂要人行礼习仪。

所以失去道后才有德，失去德后才有仁，失去仁后才有义，失去义后才有礼。那个礼呀，是忠信的淡薄，是衰乱的祸首；所以先知前识呀，是大道的浮华，是愚蠢的开始。

因此，大丈夫立身淳厚，不立身淡薄；立身朴实，不立身浮华。所以除去那浮薄而取用这厚实。

第三十九章　法本

〔题解〕

本章河上公注本名“法本”。这仍然是论述得道的效果。重点依然是侯王得道必以谦下为本,所以用不着温润光泽的美玉,而要做坚实无华的石头。

昔之得一者[①]:天得一以清[②],地得一以宁[③],神得一以灵[④],谷得一以盈[⑤],侯王得一以为天下正[⑥]。其致之也[⑦]。

天无以清将恐裂[⑧],地无以宁将恐发[⑨],神无以灵将恐歇[⑩],谷无以盈将恐竭[⑪],侯王无以贵高将恐蹶[⑫]。

故贵以贱为本,高以下为基[⑬]。是以侯王自谓孤、寡、不谷,此非以贱为本耶?非乎[⑭]?故致数誉无誉[⑮];是故不欲琭琭如玉,珞珞如石[⑯]。

〔注释〕

①昔:始。一:实际就是指道。道是唯一的存在,是绝对的同一。这

是说从原初无名开始,只有一元的道这唯一的存在。万物由道化生,但往往背道,只有极少的化生者才能获道得一。下面便列举其功效。

②清:清明。天以清明为质为用。

③宁:安宁。地以安宁稳重为贵。

④灵:灵验、灵魂、精灵。这都是神灵之所以成为神灵的缘故。

⑤盈:充盈、盈满。此句后王弼本有“万物得一以生”一句,据帛书本删。

⑥侯王:诸侯天子。正:王弼本作“贞”,据帛书本改。正:君长,君主。

⑦致之:得到这些。之:指清、宁、灵、盈、正。其:指天、地、神、谷、侯王。此句则总结以上五种情况。

⑧无以:“无所以”的省略,指没有什么可以作为凭借。天无以清将恐裂:是说天若无清明这一凭借,于是便有开裂之虞。

⑨发:借为废,倾废。

⑩歇:息;泄气。这是说其消散无用。

⑪竭:竭尽。帛书作“渴”,涸尽无水。此句后王弼本有“万物无以生将恐灭”一句,据帛书本删。

⑫贵高:高贵,高尚尊贵。蹶:跌倒,垮台。

⑬贵、高,贱、下,本、基:三组词语互文见义。此承上总结说,高贵要以下贱为基本。高源于下,贵源于贱,而只有谦下虚心才能保持。实际上,老子认为世界事物无高下,人物无贵贱,但社会文明造成了这些表面的差异,老子则指出其共同点。

⑭孤:孤单(春秋时诸侯自称寡人,有凶事则称孤)。寡:寡德。不谷:不善。这三者都是当时君王的自称。君王如此,就是“以贱为本”,也包括了上文的“以下为基”。文中以反问出之,而且又加上“非乎”的第二问,以加强语气。

⑮致:致力于,得到。数:言其多。誉:称美、赞誉。这是说致力于多

得赞誉的不会有真正的美誉。

⑯是故：王弼本无，据帛书加。琭琭（lùlù）：玉的美色之状。珞珞（luòluò）：石块坚实的样子。如玉、如石：两者相反，老子不欲如玉之华美，而宁取如石之坚实，这才符合其思想。

〔译文〕

原始以来得到“一”（道）的是：天得到“一”便清明，地得到“一”便宁静，神得到“一”便灵验，谷得到“一”便盈满，侯王得到“一”便成君主。他们得到“一”便有了这些。

天若不凭借清明就会开裂，地若不凭借安宁就会倾废，神若不凭借灵验就会消散，谷若不凭借盈满就会干涸，侯王若不凭借君位就会垮掉。

所以贵要拿贱做根本，高要拿低做基础。因此侯王称呼自己叫“孤”“寡”“不谷”，这不就是拿贱来做根本吗？不是吗？所以急切地致力于称誉的没有得到真正的美誉。因此不要美玉的华丽，宁可要石头的坚实。

第四十章　去用

〔题解〕

本章河上公注本名“去用”。帛书此章位于第四十一章之后，第四十二章之前。这一章字数不多，但论述了道的运动规律和作用：那就是反者道之动，弱者道之用。接下去说明无中生有，一切都源于无形无名的道。

反者，道之动①；弱者，道之用②。
天下万物生于有，有生于无③。

〔注释〕

①反：有两义，一是相反，言其运动方向与“正”相反。也就是说，向对立面转化是事物发展运动的根本规律。二是返回，言其运动目标是正运动的出发点，也就是老子所说的“归根”“复命”。此两义实为一义，由甲到乙若为正，由乙到甲就是反，二者方向相反，而正是由甲出发，反是以甲为归宿。后世第二义写作“返”。老子所用之“反”实兼此二义，既是相反，也是返回。道的运动既相反相成，又互相渗透，互相转化，互相往返，最终返本归根。

②弱:柔弱。老子主张“柔弱胜刚强”(第三十六章),“强大处下,柔弱处上”(第七十六章)。新生事物都是柔弱的,然而却是希望所在。任何事物总是由小到大,由弱到强,而“坚强者死之徒”,日中则昃,月盈则亏。可以说这正是“反者,道之动”的合理推论。

③有:相当于第一章的“有名,万物之母”的“有名”,即由道化生出万物的孳(zī)乳阶段。无:相当于第一章的“无名,万物之始”的“无名”,即由道化生万物的孕育阶段。所谓“万物生于有”,犹如“龙生龙,凤生凤”,“种瓜得瓜,种豆得豆”。这是千姿百态的有名世界。但鸡肯定是由不是鸡变来的,马也肯定是由“非马”变来的,就如人是从类人猿(类人猿当然非人)演化而来的一样,在这一点上可以说是“无中生有”。这当然不只限于生物,任何一物总源于非此物而来,否则有什么演化、来源、诞生。这是必然的逻辑。在老子这里,“无”就其普遍性来说,无疑是在“有”之上的。

〔译文〕

从相反返回,这是道的运动;保持着柔弱,这是道的作用。

天下万物从有产生,而有却从无产生。

第四十一章　同异

〔题解〕

本章河上公注本名“同异”。本章先论述世人对道的态度，众多的“下士”只会讥笑它。但是，正是这讥笑才证明了体道的价值。接下去老子引用古语，说明道的辩证运动引起了事物的辩证发展，而只有把握这一点，才能善始善成。其中老子对辩证发展的论述多被后人称引。

上士闻道，勤能行于其中①；中士闻道，若昏若亡②；下士闻道，大笑之——弗大笑不足以为道③。

故建言有之④：明道如孛⑤，进道若退⑥，夷道若类⑦；上德若谷⑧，大白若辱⑨，广德若不足⑩，建德若偷⑪；质贞若渝⑫，大方无隅⑬，大器晚成⑭，大音希声⑮，大象无形⑯。道褒无名⑰。夫唯道，善始且善成⑱。

〔注释〕

①上士：道德高尚的人。勤能行于其中：王弼本作“勤而行之”，据楚

简本改。勤：等于说仅。这是说即使上士也仅仅能行于道中罢了。

②中士：指中等德行的人。昏：王弼本作“存”，据楚简本改。昏：糊涂。亡：等于说无。动摇不定，可上可下，这就是中人之特色。若昏若亡：这是说“中士”对道的迷茫动摇。

③下士：才德差的人。大笑：有两解，一为偏正结构，形容笑得厉害，根本不相信道的存在。一为并列结构，犹“大之笑之”，“大而笑之”（有的本子就作“大而笑之”），认为道空泛妄诞，纯为大话，不着边际，并且嘲笑非议。不论何解，下士却否认道的存在，更不用说实行了。弗大笑：王弼本作“不笑”，据楚简本改。弗大笑，等于说不大笑之——之指代道。道的深远精妙，为庸众所不解。庸众的大笑恰好证明道的正确高妙，不嘲笑而被庸众所欢迎，那还能算道吗？老子这里又流露出了胸怀真理式的高傲——虽然他一贯主张谦下，虽然“人之所畏，不可不畏”，但这却是这位老史官、文化文献保存者必然的心境。

④建言：常言。一说古书名。总之下面的话是古已有之，老子作为文化的传承者将它们归并在一处。

⑤如孛：王弼本作“若昧”，据楚简本改。孛：本指草木茂盛，此借为茀，隐蔽不见也。明、孛：二词反义，等于说光明的道路像昏暗。若作动词解就是照亮道路像昏暗。“明道”即使道明，但结果是“如孛”。

⑥进、退：二词反义。这是说前进的道路像后退。

⑦夷：平。类：通“垒”，不平。平坦的道路像起伏，坎坷不平。

⑧谷：是说其洼下空虚能容。

⑨辱：黑。白、辱反义。

⑩广：宽广博大。不足：没有满足。广、不足反义。

⑪建：通“健”，刚健。偷：苟且怠惰。建（健）、偷反义。

⑫质：质朴。贞：正，定，如今语坚贞。渝：改变，指变污。贞、渝反义。

⑬大方：指方正之极。隅：指棱角。方形本有棱角，但是“大方”却没

有。以喻大方之人,并不外现棱角,才有卓然特异之行。

⑭大器:重大宝器。晚:帛书乙作“免”,与“晚”通。或云,器大莫如天地,由道化生而非人工所成就,故曰免成。可以跟前文“无”“不”呼应。然以器喻人,则大器晚成正所以器重之。楚简本作“曼成”,曼,可训慢、晚。这是一组同源字。实际从曼之字,意义有纤细、蔓延、延伸、无限等义。曼成,等于说需要无限多的时间才能完成。

⑮大音:至大之音乐。第十四章言“听之弗闻,名曰希”,这种不可得闻的音乐蕴含了所有的乐音,所以是“大音”。

⑯大象:超越视觉形象的意象。今人“形象”多连言,但老子“其中有象”是在“其中有物”之先。

⑰褒:王弼本作“隐”,据帛书改。褒:大、盛。就是“道盛无名”的意思。

⑱善始且善成:王弼本作“善贷且成”,据帛书改。这是说道善始善终。

〔译文〕

上士听到道,仅能努力恭行;中士听到道,又糊涂又茫然;下士听到道,当空话而大大嘲笑——不大大嘲笑就不足以成其道。

所以古话这样说道:光明之道如同暗昧,前进之道如同后退,平坦之道如同坎坷;上德如同空旷山谷,清纯洁白如同污黑,广博之德如同不足,刚健之德如同怠惰;质地坚贞如同变污,最方正的没有棱角,最大的宝器迟迟没有落成,最大的音乐没有音响,最大的意象没有外形。盛大的道在无名之中,所以道是善始善终的完成。

第四十二章　化道

〔题解〕

本章河上公注本名“化道”。本章先说明道化生万物的阶段发展是如何无中生有的，然后再次强调君王必须谦下。在事物的辩证发展面前，人类一定要记住这一规律。反之，逆时而动，只能是“强梁者不得其死”。

道生一，一生二，二生三，三生万物①。

万物负阴而抱阳，冲气以为和②。

人之所恶，唯孤、寡、不谷，而王公以为称③。故物或损之而益，或益之而损④。人之所教，我亦教之⑤。强梁者不得其死，吾将以为教父⑥。

〔注释〕

①道生一，一生二，二生三，三生万物：这是演绎道化生万物的程式。这本是“玄之又玄”的，所以这里只是一种程式。道是无，是绝对，是不可分离的同一。道就是“一”。然而道又蕴含着二。道是无是一，而这已用

"名"去称呼,"一"与其"言"便是二。三,阴、阳相和或调和,也就是后文所说的冲气。而由三便化生出具体的万物。这种程式,一言以蔽之,是由简单到复杂,由同一到分化的过程。

②负:背负。抱:怀抱。阴阳交泰,相反相成。实际上,寒暖、静动、幽明皆可谓阴阳。文中强调万物禀阴阳二气而生,而在化生的过程中,"冲气"起到了中和的作用。"冲"字释义见第四章。冲气:一是说阴阳之气涌摇运转不息而成,二是说其深广无限,三是说其为万物之始,但本身又空虚无形。和:和合。这是说其效用。

③孤、寡、不谷:本是人们所厌恶的,而君主用为自称。此义已见于第三十九章。这里再次申言,是为了引起下文来论述事物发展的规律。本句帛书作"而王公以自名也"。

④物:可指事物,也可指人物,承前句似以人物为是。或:有的。减损而得益,求益而减损,就像《尚书》"满招损,谦受益"。

⑤人:他人,别人;跟"我"相对。人之所教:这是名词性的,指他人用来教导的东西。"我亦教之"的"之",既可指人(他人),也可指物("人之所教")。

⑥强梁:强劲有力;勇武。梁,本为桥梁,《释名·释宫室》:"梁,强梁也。"强梁即强横,强劲,"尚势任力"者。这样的人是不得好死的。教父:即教化之本始。帛书作"学父"。这是说不能强劲,而必柔弱——"弱者,道之用"。

〔译文〕

道生出绝对的同一,同一蕴含着对立的二,二生出三,三生出万物。

万物背负阴怀抱阳,阴阳涌动无限形成冲气和合。

人们所厌恶的是“孤”“寡”“不谷”，而王公君主用作自己的称呼。所以人物有的减损而能增益，有的增益而能减损。人家用来教导我的，我也用来教人——“强横暴力的不得好死”，我把这作为教化的本始。

第四十三章　偏用

〔题解〕

本章河上公注本名“偏用”。本章以至柔战胜至坚开端，说明无为、不言的功效。

天下之至柔，驰骋天下之至坚①。无有入无间，吾是以知无为之有益②。

不言之教，无为之益，天下希及之③。

〔注释〕

①至：极，最。可以用气、水喻至柔，所以第七十八章言“天下莫柔弱于水，而攻坚强者莫之能胜”可为喻此。

②无有：等于说无，就像庄子庖丁之喻中的“无厚”。无间：就是没有空间，没有间距，就像庄子庖丁之喻中之“节者有间”之反。这比喻至坚之物实际上也是有间的，只有道才是无有、无间的。无为：指道。无所不通的道，用于治国治身当然是“有益”的。

③不言之教：指不依靠语言，而用自身感化人民。希：稀少。及之：赶上它。这是说对大道所奉行的“不言之教”以及“无为”的好处，天下人很

少理解。

〔译文〕

天下最柔弱的,能飞驰在天下最坚强的东西之中。没有形质的无有,能进入没有间隙的东西,我因此知道“无为”的好处。

没有言辞的教化,无为的好处,天下很少人能做得到啊!

第四十四章　立形

〔题解〕

本章河上公注本名“立形”。文中所言，不出前面所述的“贵生”之训。尊重生命本身，而绝不是那些身外之物。在事物的辩证发展面前，人生一定要知足、知止，能缩手时即缩手，能回头时即回头。

名与身孰亲[①]？身与货孰多[②]？得与亡孰病[③]？
甚爱必大费，多藏必厚亡[④]。
故知足不辱，知止不殆，可以长久[⑤]。

〔注释〕

①名：名声。身：自身。孰：两者择一之词，哪一个。为求佳名，贻害自身，是亲名疏身；不求名而全身，是亲身疏名。世人轻身殉名，老子所不取。

②货：财货，货币。多：赞同，称誉。所谓“人为财死”，轻身殉货，也是老子所不取。

③得：得到，兼前名、货（利）而言。亡：亡身。病：弊病。

④本句句首王弼本有“是故”二字，据楚简本删。爱：吝啬（老子以爱与费对，应为吝惜）。费：耗损。藏：收藏，储藏。亡：亡失。事实是越得到就越会有大的耗费。越敛财，越“金玉满堂”，就越亡失，越“莫之能守”。这是社会经济发展的必然。

⑤故：王弼本无，据楚简本增。这三句是说人多半不知足，不知止，“身前有余忘缩手”，贪得无厌，是不知足；争名夺利，是不知止；所以必有耻辱、危殆。反之，不贪求，不争前，自然而然，所以“可以长久”。

〔译文〕

名声跟自身哪一个更亲？生命跟财货哪一个更重？得到（名利）跟失去（生命）哪个是弊害？

极端的吝惜，一定会大大地耗费；多多的收藏，一定会重重地损失。

所以知道满足，便不会受到侮辱，知道适可而止，便不会遇到危殆，这样便可以永恒长久。

第四十五章　洪德

〔题解〕

本章河上公注本名“洪德”。依楚简,本章可分为两部分。一是从事物发展的辩证运动出发,说明最大的性质绝不显露,而且从表面来看,往往是相反的。二是强调清静无为的作用。

大成若缺,其用不弊①;大盈若冲,其用不穷②。
大直若屈③,大巧若拙④,大赢如朒⑤。
躁胜寒⑥,静胜热⑦,清静为天下正⑧。

〔注释〕

①成:指器成也。第四十一章“大器晚成”可证。缺:器破。可见成、缺反义。这是说最大的制成都如同破缺,但它的作用却并无困乏败坏。弊:坏、败。本句前半言其体,似缺方为大成,只有“不拘一象”,才能包容所有,即所谓相反相成。后半言其用无尽。

②盈:盈满。冲:虚空(或云通“盅”,参见第四章)。大盈:指道充盈一切,然而却空虚无形,故若冲。而其作用却没有穷尽。

③直、屈(通“曲”):二字反义。直曲以形辨,然亦可喻理,正理为直,

歪理为曲。道为普遍真理，而庸众不识。反以为歪理，此其一。道只一理，故曰直；包容万物，无所不至，故曰曲，此其二。大道正直而又曲成万物，这就是“若曲”。

④巧、拙：二字反义。巧、拙如用制作比喻，大巧顺应自然，水到渠成，无所表现，是为朴拙。

⑤大赢如朒：王弼本作“大辩若讷”，据帛书本改。赢：赢余。朒（nǜ）：亏缺，不足。对道而言，最大的赢余也如同亏损，这是道用方面的论述。文章写法，原有错综。前二多言体，故有其用；后三则言道化之理，本已蕴用，故不言用。但无论言体言用，均体现老子相反相成的辩证思想，则无疑问。楚简于本句后有墨钉分断。

⑥躁：躁动不安。意为躁动战胜寒凉。

⑦静胜热：冷静战胜狂热。

⑧清静：等于说无为。正：主宰，君主。

〔译文〕

最大的制成有如破缺，它的作用不会困乏；最大的充盈有如虚空，它的作用不会穷尽。

最直的真理有如弯曲，最巧的天工有如拙笨，最多的盈余有如竭尽。

频繁躁动战胜寒冷，平心静气战胜炎热，清静无为可以成为天下的君主。

第四十六章　俭欲

〔题解〕

本章河上公注本名“俭欲”。文中先抨击战争是天下无道的结果，然后抨击君王的不知足的欲望是灾祸的根本，所以应该知足才是恒久的满足。

天下有道，却走马以粪[①]；天下无道，戎马生于郊[②]。罪莫大于可欲，祸莫大于不知足，咎莫憯于欲得[③]。知足之足，此恒足矣[④]。

〔注释〕

①有道：指政治清明。就是按老子之道去治理。却：使……退，屏退，驱赶。走马：良马，善跑的马。粪：治田。这是说在天下按道治理之时，无争欲，无战争，所以无须好马去作战，把它们从兵车解下驱退回田间种地。

②无道：指社会政治纷乱、黑暗。就是不按老子的道去治理。戎马：军马；战马。郊：上古国都百里之内称郊。生于郊：有二解，一云连城郊也布满戎马兵车。二云战争频仍，怀孕的母马也上阵，所以生下小马。汉朝人理解当为后一义。此为有道、无道之对比。

③罪莫大于可欲：据帛书本加（楚简本作“罪莫厚乎甚欲”）。欲壑难填，必蹈罪孽。所以罪孽没有比引起欲望更严重的了。咎：灾祸，罪过。憯：王弼本作“大”，据楚简、帛书本改。憯（cǎn）：痛。这是对侯王国君等统治者的告诫。《老子》第四十四章言“知足不辱”，是泛指。此章言“不知足”则酿大祸，是为特指。下句之“欲得”正“不知足”之本源。从春秋至战国，中国社会正趋向于统一。而这是通过战争来实现的。而战争源于君王的“大欲”（见《孟子》）。老子见微知著，明确地反对这种满足私欲的战争，认为这是罪，是祸，是咎。而且他不同于后世儒家，试图以王道来代替霸道，梦想通过仁政收拾人心，和平地统一天下。老子断然拒绝大一统，而希望回复氏族部族社会的“小国寡民”。老子的反对是最彻底的，但也是最无奈于历史潮流的——尽管这里有弱者的呼号，有民众的痛苦。

④“知足”句：这是从清心寡欲、自然无为入手，从根本上知足。楚简本为“知足之为足，此恒足矣”。据此，删“故”，增“此”，“常”改为“恒”。

〔译文〕

天下按“道”无为而治时，能跑的快马也卸去种田；天下不按“道”治理之时，战马在城郊生下马驹。

罪恶没有比引起欲望更大的了，祸患没有比不知足更大的了，灾难没有比贪得更痛苦的了。知道满足是满足，这才是永恒的满足！

第四十七章　鉴远

〔题解〕

本章河上公注本名“鉴远”。本章说明既然道本身是超验的，不可感知的；那么体道者就不必如同一般求知者那样躬行参验，而是恰恰相反：“其出弥远，其知弥少。”所以圣人是“弗行而知，弗见而名，弗为而成”的。

不出户，知天下①；不窥牖，知天道②。其出弥远，其知弥少③。

是以圣人弗行而知，弗见而名，弗为而成④。

〔注释〕

①户：门。常言说“秀才不出门，能知天下事”。不过老子所说的是体道者。道化万物，其用不穷。不必经过感官的门户，而只要“神遇”（庄子语），便可了解天下万物。

②牖（yǒu）：窗。天道，本无形象，窗口窥伺，如何能知？其实道超越时间与空间，这才能恒常。而这可不是感官所能感知的，而是靠内省领悟的。知：王弼本作“见”，据帛书本改。

③弥：更加。知：知天道（非指知识）。奔走红尘，熙熙攘攘，数数汲汲，离道愈远。

④弗：王弼本作“不”，据帛书改，下同。名：通“明”，看清楚。也可用本字当命名讲。知行关系是中国思想家所争论的焦点之一。老子的“弗行而知”是对天道而言，这是超验的，非行所能及，故“弗行而知”。视力是人们获取外部信息的主要渠道，据说人的信息十分之九源于视觉，故以此代表感官能力，超验的道无形无声无息，亦非感官所可觉，故“弗见而名”。道之化生，自然而然，无中生有，非人力所为，故“弗为而成”。

〔译文〕

不出大门，就能了解整个天下；不望窗口，就能了解天道。出去得越远，知“道”就越少。

所以圣人不履践就可以知晓它，不观看就可以清楚它，不作为就可以制成它。

第四十八章　忘知

〔题解〕

本章河上公注本名“忘知”。文中再次指出求道与求知相反，同时把“无为而无不为”这一道理用到“取天下”上，那就是“恒无事”，不要战争等事件发生。

为学者日益，为道者日损①。损之又损，以至于无为②。无为而无不为③。

取天下恒以无事；及其有事，不足以取天下④。

〔注释〕

①者：据楚简、帛书加，下同。为学者：指从事于政教礼乐这些文明、文饰的人。日益：指他们背离自然之学，文过饰非，趋利避害之巧伪必然日益增多。道：指自然之道。为道者：是从事于自然天道的人。日损：情欲文饰日日减损。所以要“绝学无忧”（第二十章），“绝智弃辨”（第十九章）。他们必然会“若朴”“若客”（第十五章），以“至虚”（第十六章），而“无知无欲”，日益去除文饰，回复赤子之心。

②“损之”句：这是说减损到了极处，也就是致虚守静到了极处，便自

然无为了。

③无为而无不为：这是说自然无为，不为什么才能无所不为。楚简乙组节录至此。帛书出土以后，有人说老子没有“无为而无不为”的说法；但是，楚简本章明明白白地写着“无为而无不为”。

④取天下：指取天下人心。事：特指战事。这是说取天下不以武力。以武力是不能取得天下的。

〔译文〕

从事政教的，文饰一天比一天多；从事天道的，文饰一天比一天少。减少又减少，一直到“无为”。无为就能无所不为。

取天下，永远不要用战事；一旦要用战事，那就不能取天下了。

第四十九章 任德

〔题解〕

本章河上公注本名“任德”。这是从圣人“以百姓心为心”谈起,说明如何才能“得善”“得信”。只有“浑心”而不闻不问,使民众回复孩提的天真烂漫才是圣人。

圣人恒无心,以百姓心为心①。

善者吾善之,不善者吾亦善之:德善②。信者吾信之,不信者吾亦信之:德信③。

圣人之在天下,歙歙焉,为天下浑其心④。百姓皆注其耳目,圣人皆孩之⑤。

〔注释〕

①恒无心:王弼本作“无常心”,据帛书本改。圣人:指君主。百姓:指百官,即《诗》所谓“卒劳百姓”之“百姓”(或云百姓即众庶,君主不师心自用,而以民众之心为心)。

②善者:善人。善之:善待他。德:通“得”。善人,本性善良;不善人,私欲蒙蔽了善良,而“我”,应用善良去对待每一个人,这才是真正的善良,

即得善。

③信者：守信的人。这句是说守信与不守信的人，（我）都信任，这就得到了信用。以上与第二十七章“善人者，善人之师；不善人者，善人之资”，含义相通。

④之、焉：据帛书本加。歙歙（xīxī）：心无所主、无所偏执的样子。浑其心：让内心浑一素朴。

⑤注：灌注；输入。这是说百姓都竭力运用耳目这些感官输入信息，以此认识感知，并且察察为明，以为智慧。于是竞为诈伪。孩之：使之孩，即使百姓恢复婴孩的天真纯朴。

〔译文〕

圣人恒常都没有私心，而是以百姓的心为心。

对善人，要善待，对不善的人，也要善待，这就得到了善。对守信的人，要守信，对不守信的，也要守信，这就得到了信。

圣人在天下，没有偏执啊，使天下人心回复素朴。百姓都耳聪目明特别有智慧，圣人让他们回复婴孩的天真。

第五十章　贵生

〔题解〕

这一章河上公注本名“贵生”。出生入死，是人生境遇。老子本章指出，在烽火连天的时代如何求生的方法——那就是“无死地”，不要进入死亡的领域。

出生，入死①。生之徒十有三，死之徒十有三，而民生生，动之死地，亦十有三②。夫何故？以其生生③。

盖闻善摄生者，陵行不避兕虎，入军不被甲兵④；兕无所投其角，虎无所措其爪，兵无所容其刃⑤。夫何故？以其无死地焉⑥。

〔注释〕

①出生：人始于生。入死：人最终进入死亡。人离开生路，即为死路。盖生的证明只有死。人生历程从出生开始也就是走向死亡的历程——一天天活泼泼地走向死亡。这大概就是“出生入死”吧。

②徒：徒众、徒党，故可训类；但“徒”亦可通假于“涂”，所以“生之徒”亦可指“生之路”，“死之徒”亦可指“死之路”。十有三：等于说十分有三

分，十分之三。民：指平民。生生：使生命生存，也就是求生、养生。前一“生”为动词，使……生存。后一“生”为名词，生命。动之：走向。亦：也。民众为生而生，过分地求生反而都走向死亡，这也是十分之三。

③夫：指示代词，这，承上。以：引进原因小句。“生生”，如前解，为求生、养生。锦衣玉食，声色狗马，多欲纵情，越多越不得生，此正养生反而害生。王弼本后面有“之厚”二字，据帛书删。

④摄生：即养生。摄有调摄、调养义。真正的养生者，不是放纵物欲的享受，而是顺应自然。陵、避：王弼本作“陆”“遇”，据帛书本改。陵行不避兕虎：在山地行走不用躲避犀牛、老虎这类猛兽。入军不被甲兵：进入军阵也不会碰到兵器伤害。

⑤无所：没有用来……的东西（目标）。投：本为掷，是一种跨越空间的运动，这里引申为向某目标的运动。角：兕（犀牛）最有攻击力的器官。措：安放、使用。这是说犀牛没有用角顶的目标，老虎没有使用爪子的目标，兵器没有容纳锋刃的目标。

⑥焉：据帛书加，语气有所咏叹。无死地：指清心寡欲，不进入死亡的领域。

〔译文〕

人从出生开始，以走入死亡告终。生的道路十分之三，死的道路十分之三，本来是人的养生之路，却行走到死亡地带，也是十分之三。这是什么缘故呢？因为他们太追求生路了。

听说善于养生的人，在山地行走遇不到犀牛、老虎，在战争中碰不上武器的杀伤。犀牛没有用角顶挑的目标，老虎没有用爪攻击的目标，兵器没有容纳锋刃的目标。这是什么缘故呢？是他没有进入死亡的领域啊。

第五十一章　养德

〔题解〕

本章河上公注本名“养德”。文中的道、德、物、器是道化生万物的具体过程。以此阐释道德无所不包的重要性。文中所说的生、畜、长、遂、亭、毒、养、覆都是道化之功，文章在重复第十章的“生而弗有”等语句后，以“玄德”收束。

道生之，德畜之，物形之，器成之①。是以万物尊道而贵德②。道之尊，德之贵，夫莫之爵而恒自然③。

故道生之，德畜之；长之，遂之④；亭之，毒之⑤；养之，覆之⑥。生而弗有，为而弗恃，长而弗宰，是谓玄德⑦。

〔注释〕

①之：指代后文之“万物”。道生成它，德畜养它。物形之：万物的形体正由于它是“物”因而才具有。位于主位的“物”，犹今言“物质”，为共名。位于宾位的“之”，则指具体的“万物”，是特指。器：王弼本作“势”，据帛书改。器，乃具象之物，也就是“形而下者谓之器”。而器是需要制成

的,所以用“成”字。

②“是以”句:“万物”后王弼本有“莫不”二字,语气强烈。据帛书删,则更自然。贵:崇尚;重视;以为宝贵。

③爵:本指爵位,此用为动词,授爵,给予一定的秩序安排。莫之爵:道德的尊贵完全是自然而然的,并非由于什么命令干涉或着意的安排,也就是没有什么给它安排地位。恒自然:也就是说万物的生长畜养以至形成都是无为自然的,这便是永恒的规律。

④长之:让它生长。遂之:王弼本作“育之”,据帛书本改。遂:生长,养育,言其成熟顺遂。万物在此自然环境下长养。

⑤亭:成。毒:熟。万物在此自然环境下成熟。

⑥覆之:覆盖它。万物在此自然环境下得到保护。

⑦弗:王弼本作“不”,据帛书本改。有:私有,领有。恃:仗恃,依赖。宰:主宰。玄:言其幽暗深远。玄德:言其出于自然精微而不可测。

〔译文〕

道生出万物,德畜养万物,万物有了形体,器物最终落成。因此万物没有哪一个不尊崇道而贵重德。道的尊崇,德的贵重,这不是谁给它安排命定,而是永恒的自然无为。

所以道生出万物,德畜养万物;生长它,培育它;作成它,成熟它;驯养它,保护它。生出而不据为私有,作为而不靠其报答,长养而不主宰控制它,这就叫幽远的“玄德”。

第五十二章　归元

〔题解〕

本章河上公注本名“归元”。文章开头要求知子守母，把握住天下之母的道，才能“没身不殆”。中段也见于楚简，主张闭目塞听，谨慎言行，才能“终身不勤”。末段说明守柔、见小才能“无遗身殃”，这就叫作“袭明”。全章所述皆为明哲保身的道理。

天下有始，以为天下母①。既得其母，以知其子②；既知其子，复守其母，没身不殆③。

塞其兑，闭其门，终身不勤④；开其兑，济其事，终身不逨⑤。

见小曰明，守柔曰强⑥。用其光，复归其明⑦。无遗身殃，是为袭常⑧。

〔注释〕

①始：本始，指道的蕴含状态。母：根源，指道的哺育状态。参见第

一章。

②子：指万物。得母：即得道。道是宇宙万物总的根源，也是宇宙万物变化的总规律，因而得道便能“知子”，了解宇宙万物变化的情况。

③知子守母：从宇宙万物变化不已之中，我们又可领悟道的存在，并由此而从变化中领悟永恒，这就能保守住道。而这就意味着我们能归根复命，不失自然本性，因而“没身（终身）不殆”，永远没有危险。

④兑：为八卦之一，《说卦》云“为口”，此与“门”对，当为孔穴义。这是说塞上五官嗜欲的孔窍，关闭情态欲望的门户，一辈子就不会疲于奔命了。勤：劳，指为嗜欲而劳形费心。

⑤济：成。这是说敞开嗜欲的孔窍，形成滚滚红尘那些物欲充塞的事物，这一辈子也达不到大道。逨：王弼本作“救”，据楚简本改。逨：徕，到来。楚简本节录到此为止，此句后有墨钉分节号。

⑥明：视力好，故能看见微小之物。在此当然不仅仅指视力，凡能洞烛幽微即可谓明。第十六章“知常曰明”，亦可参考。强：本指弓有力，此指强健。天体运行不息，周而复始，而人法天也自强勉力不止。周行即归根复命，是由曲为柔。柔弱是生命的开端，希望之所在。而“坚强者死之徒”（第七十六章），所以必须守柔。

⑦光：指向外发光。明：指内里明亮。用其光：指对外运用合于天道之明示。复归其明：指回归明彻静谧的“道”。

⑧袭：王弼本作“习”，据帛书改。袭常：承袭、退守常道。犹第二十七章“袭明”。

［译文］

天下有开始，可以作为天下的母亲。既已得到了根本的“母”，就可以知道具体的“子”（万物）；既已知道了具体的“子”，又固守住根本的“母”，终身就不会发生危险。

堵塞住耳目感官嗜欲的孔穴,关闭了心性喜怒的大门,终身就不会疲于奔命。打开感官嗜欲的孔穴,成就那烦扰的杂事,终身也不达大道境界。

察见精微叫作明,守住柔弱叫作强,使用蕴含着天道的灵光,返回静谧大道的聪明,不会留给自身祸殃,这就叫承袭自然的常道。

第五十三章　益证

〔题解〕

本章河上公注本名“益证”。文中感慨世人不走平坦的大道，专走偏斜的小径。以君王为代表的统治者，他们追求饱食、文采、宫殿。这些人欲望的满足，完全是“盗夸”，而不是道。

使我挈有知，行于大道，唯施是畏①。

大道甚夷，而民好径②。朝甚除，田甚芜，仓甚虚③；服文采，带利剑，厌饮食，财货有余④——是为盗夸⑤。非道也哉⑥！

〔注释〕

①我：指有道之君。絜，王弼本作“介然”，据帛书本改。挈(qiè)：提。挈有知：提聪挈明，也就是具有智慧。大道：宽广的正路，用来比喻老子的“道”。行于大道：按大道而行，按大道治国，当然是无为而治。唯施是畏：即唯畏施。施：邪路。施也就是下文之“径”，为时君所好，即当时君王多以邪僻治国。是为“我”所畏。

②夷：平。径：小路，即走不了车只能步行的小路。大道夷平，行大道

者心地光明。而民心叵测，故好邪路。

③朝：指朝廷，宫中。除：有二义，一云整洁，一云废污。整洁是说朝廷宫室修饰得很好。废污可以解释为朝政败坏。下面写田园荒芜，仓库极其空虚。农业荒废，储藏空竭，国事甚危。

④服文采：指穿华丽文饰，如锦绣之类的衣服。带利剑：是佩带锋利的宝剑。厌：饱足。厌饮食：吃饱喝足美味饮食。财货：财指财物，货指货币，财货即钱财。有余：跟前面国家无储形成鲜明对比。

⑤是为：这就是。盗夸：等于说盗魁、大盗头子。

⑥也：表判断。哉：表感叹。

〔译文〕

如果让我具有才智，走在宽广的大道上，最畏惧的就是走上邪路。

大道是那样平坦宽阔，而人们却喜好穿行斜路小径。朝廷宫室是那么华美，田野却非常荒芜，仓库却空虚竭尽，那人却还穿着华丽服装，佩带锋利宝剑，吃饱喝足精美饮食，钱财却还有富余——这就叫作强盗头子，绝不是正道啊！

第五十四章　修观

〔题解〕

本章河上公注本名“修观”。文中老子谈他的修身方略。这是建立在“善建”“善抱”的基础之上的。以此修之身、家、乡、邦、天下，并反观身、家、乡、邦、天下之修德，就可以了然一切。比之儒家之“修身、齐家、治国、平天下”，则多出“乡”这一层。而且儒家是由近及远，内圣外王；老子则强调反观而知天下。

善建者不拔，善抱者不脱，子孙以祭祀不屯①。

修之身，其德乃真②；修之家，其德乃余③；修之乡，其德乃长④；修之邦，其德乃丰⑤；修之天下，其德乃普⑥。

故以身观身，以家观家，以乡观乡，以邦观邦，以天下观天下⑦。吾何以知天下之然哉⑧？以此。

〔注释〕

①建：建立；竖起。其反义为拔。拔：拔出来。此章为老子修身，表面上似与儒家“修身、齐家、治国、平天下”相像，但实则不同。抱：裹住。以

怀抱言其紧密。其反义为脱出。屯：王弼本作“辍”，据楚简本改。屯：即乇，可读为宅、泽、择、尺等字，疑此处当读为择。不择，犹今言“没挑儿”，即无条件祭祀下去。

②修之：王弼本作“修之于”。“于”字，据楚简、帛书删，下同。身：自身。真：真实。

③家：由“身”至“家”，范围扩大，天道所显现的德便更多了。楚简“乃”作“有”。

④乡：基层行政区划名，周制，一万两千五百家为乡。长（cháng）：这是说在时空中绵长不已。

⑤邦：王弼本作“国”，从楚简、帛书本改。丰：丰富、富足。

⑥普：普遍，全面。普天之下，莫非道德。由“身”至“天下”，都是道的运化。所谓“修”，即为悟道、体道。所谓悟道、体道，即与道合一，这也就是归根袭常。个人的省悟与天下的省悟，都是道本身的自然流露，而非“克己”苦修的层次顺序，是为儒道之异。

⑦“以身观身”句：在“以甲观甲”的句子中，前甲是说自己的、内心的；后甲是说其他的、外在的。老子之意只不过强调从自身的反省中体察到道化的过程，进而出生入死，出有入无，进入玄而又玄的众妙之门。

⑧何以：以何，凭什么。

〔译文〕

善于树立的拔不出来，善于抱持的脱不出手，子孙禀承祭祀不断。

修道修自身，那德必然纯真；修道修自家，那德必然盈余；修道修本乡，那德必然久长；修道修本国，那德必然广博；修道修天下，那德必然普遍伟大。

要从修道之身来观照自身，要从修道之家来观照自家，要从修道之乡来观照本乡，要从修道之国来观照本国，要从修道之天下来观照天下。我凭什么了解全天下呢？就凭这个道理。

第五十五章　玄符

〔题解〕

本章河上公注本名“玄符”。文中开宗明义，说明“含德之厚者”的赤子气象。赤子天真纯朴，德行深厚和平，所以万物不害。接下去说常、明、祥之德，反之就是不道。

含德之厚者，比于赤子①：蜂虿虺蛇弗螫②，猛兽弗据③，攫鸟弗搏④；骨弱筋柔而握固⑤，未知牝牡之合而朘怒，精之至也⑥；终日呼而不嗄，和之至也⑦。

知和曰常，知常曰明，益生曰祥，心使气曰强⑧。

物壮则老，谓之不道，不道早已⑨。

〔注释〕

①者：据楚简、帛书加。赤子：婴儿。老子以为婴儿保有天性，而无后天文明的玷污，故云“含德之厚者”。第十章言“专气致柔，能婴儿乎”，第二十八章言“恒德不离，复归于婴儿”，第二十章言“如婴儿之未孩”皆是此意。

②虿（chài）：蝎子一类的毒虫。虺（huǐ）：称蝮蛇一类的毒蛇。弗：王

弼本作“不”，据楚简、帛书本改，下同。螫（shì）：有毒腺的虫子刺人，俗音蜇（zhē）。

③据：此指用爪按着。

④攫（jué）：本为鸟用爪迅疾抓取，此形容猛禽之状。搏：捕捉，攫取。体道之人自然无为，有如婴儿，全无机心，更不会害人，所以也不会受到伤害。以上楚简本作“蜎蠆蟲他（虺虿虫蛇）弗蜇，攫鸟猛兽弗扣”。扣：击。

⑤握固：指握得牢固。握：楚简作“捉”，意义相近。

⑥牝：母。牡：公。朘（zuī）：男婴生殖器。朘怒：王弼本作“全作”，据帛书改；楚简本作“然怒”。“然”为较硬的转折连词。怒：强劲有力的样子。至：达到顶点。精之至也：这是说精气达到顶点，极其充足。

⑦呼：王弼本作“号”，据楚简本改。嗄（shà）：声音嘶哑。整日呼号而嗓音不哑，这是和气至极的表现。婴儿呼号并非做作，不是为了给人看而竭力表现，一切都是自然流露，一团和顺之气罢了。

⑧知和曰常，知常曰明：知道了解这和顺便叫常，知道了解这常便叫明。祥：不祥，妖祥。益生：如第五十章“以其生生”，追求生活的优裕丰厚，声色狗马，行妨发狂，故为妖祥。心使气：形容贪欲等情态。强：即下文之“壮”，指强横、逞强。心使气曰强：让贪欲的情态任意使气就会逞强。

⑨壮：是生途过半的标志。所以“物壮则老”。另一角度则逞强虚耗生命，也必然衰老，走向死亡。这一切都违背天道，所以叫“不道”。而不道将迅速灭亡——“早已”。已：终止，结束。楚简无“不道早已”四字。

〔译文〕

含德淳厚之人，好比那初生婴儿：蜂、蝎、毒蛇不蜇他，猛禽凶兽不扑抓。他筋骨柔弱而握拳紧固，不知男女交合而生殖器却会勃起，这是精气特别充足。他整天呼号而嗓音不哑，这是和气特别纯厚。

知道这冲和就叫作常，知道这常道就叫作明，贪图优裕就叫作灾殃，心狂使气就叫作逞强。

凡是过于雄壮就会衰老，这就叫作不遵循天道，不遵循天道就会早日死亡。

第五十六章　玄德

〔题解〕

本章河上公注本名“玄德”。这里阐释知道道的人是“弗言”的，不言说明他闭塞门户，和光同尘，这就是玄同之德，所以“为天下贵”。

知之者弗言，言之者弗知①。

塞其兑，闭其门；挫其锐，解其纷；和其光，同其尘②。是谓玄同③。

故不可得而亲，亦不可得而疏④；不可得而利，亦不可得而害⑤；不可得而贵，亦不可得而贱⑥。故为天下贵⑦。

〔注释〕

①“知之者”句：两“之”字，据楚简本加；两“弗”字，据楚简、帛书本改。知之者：知道天道的人。天道无为，自然而然，非言语所能明；而圣人“行不言之教”（第二章），所以“知之者弗言”。反过来的“言之者”，纵然高谈阔论，教令甚勤，也仍然不知无为大道。

②塞其兑,闭其门:又见于第五十二章,这是说堵塞感官感知外界的途径,“不见可欲”;关闭内心欲望外泄的门户,不使滋蔓。“挫其锐,解其纷;和其光,同其尘”,又见于第四章。挫掉争强斗胜的锐气,化解私欲充斥的纷扰;蕴含淳厚内敛的灵光,调和混同于滚滚红尘。这是内省解道的过程。帛书此四句,三、四句在前,一、二句在后。楚简本相同,不过“挫其锐”楚简本文字可解为“擣(捣)其罙”。罙:深。“擣其罙”就是直捣纵深。

③玄:幽暗深远。同:同一。玄同:即幽深的同一,这当然是道的境界。

④不可得:不可能。而:表承接。亲:“亲之”的省略。亦:据帛书、楚简本加,下同。疏:“疏之”的省略。对玄同的知者,不可能亲近他,自然也不可能疏远他。

⑤“不可”句:意谓不可能对他有利,也不可能害他。

⑥“不可”句:不可能使他尊贵,也不可能使他低贱。

⑦故为天下贵:意谓正因无亲疏、利害、贵贱诸多矛盾对立,所以达到“玄同”境界即无差别境界者才是天下之贵。

〔译文〕

知道大道无为的人不用言辞,施用言辞有为的人不知道大道。

堵塞耳目感官的孔穴,关闭心灵情态的门户,挫折他的锐气锋芒,化解他的充斥纷扰;和合他的内敛灵光,混同他的滚滚红尘,这就叫作幽深的同一(“玄同”)。

所以不可能跟他亲近,也不可能跟他疏远;不可能对他有利,也不可能把他伤害;不可能使他尊贵,也不可能使他卑贱。所以这才是天下最尊贵的呀!

第五十七章　淳风

〔题解〕

本章河上公注本名“淳风”。这是老子论述“以无事取天下”的治国之术。清静无为，民众自然化于道。反过来，威权忌讳，智慧法物，越严酷越无效，还是纯朴无为最好。

以正治邦，以奇用兵，以无事取天下①。吾何以知其然哉②？夫天下多忌讳，而民弥贫③；民多利器，而邦滋昏④；人多知，奇物滋起⑤；法令滋彰，盗贼多有⑥。

是以圣人云：我无为而民自化，我好静而民自正；我无事而民自富；我欲不欲而民自朴⑦。

〔注释〕

①正：正道，清静自然，无为而治。邦：王弼本作“国”，据楚简、帛书改。奇：奇诡，出人意料的。事：战事，见第四十八章“取天下恒以无事”。用兵对敌，自然要权谋奇变。战而胜之，是为存己，而非取天下。只有无为而治，天下才能化于大道，如果凭借战争，杀戮遍野是不行的。在“逐于智谋”“争于气力”的时代，君王只想以实力战事来统一天下，这是被历史

所证明了的。但老子出于他对人类与自然界的思考,断然反对这一做法,所以才再三告诫人们,不要用战争、暴力去“取天下”!

②其:特指那种事情。然:指代以上三句。句后王弼本有“以此”二字,据楚简、帛书本删。

③夫:据楚简、帛书本加,表示要发议论。忌:禁忌。讳:避忌。忌讳:指禁令法网。弥:更加。禁忌越多越严,人民便越无所措手足,什么都不能干,当然只能陷入贫困无告的境地。楚简本作“夫天多忌讳,而民弥叛”。颇有严刑峻法猛于虎、官逼民反之意。

④而邦:据楚简、帛书改。利器:指法令权谋。民多利器:当指民用智于下。滋:更加。下多智而好走邪路,故而国家更加昏乱。

⑤知:智慧。知,王弼本作“伎巧”,据楚简本、帛书本改。奇物:是为人奇赏,十足“可欲”乱心之物。奇物违自然,反素朴,故老子反对其“滋”。

⑥滋彰:更加彰显。盗贼源于私有制与贫富不均,人穷志短,“小人穷斯滥矣”,就会沦为盗贼;“马无夜草不肥”,对财富的渴求贪欲,也会产生巧取豪夺。盗贼愈多,治之法令自然又多又严。但这改变不了社会现实,只能成为“盗贼多有”的标志。

⑦是以:王弼本作“故”,据楚简、帛书本改。圣人:理想的君主,得“道”之君。这是说上有好则下必有甚焉。圣人体道无为,而民众自然化于道。君王清净,民众自然遵循正道。对民众无所使之事,更不会以战争工役侵夺农时,故民众自然富足。欲不:王弼本作“无”,据楚简、帛书本改。我要的是“不欲”,君上清心寡欲,民众自然纯朴,绝无赶时尚、追档次的浮华。楚简本此四句的次序是:无事、无为、好静、欲不欲。且本句后有分段钩号。

〔译文〕

用正道治理国家,用奇谋带兵打仗,用无为没有战事来统一天下。我从哪里知道是这个样子呢?天下禁忌避讳越多,百姓就越贫困;民众锋利器具越多,国家就越昏乱;君主喜好的聪明越多,邪门奇怪的物事就越繁;法令条文越严密清楚,大盗小贼就出得越多。

所以圣人说:我体道无为,民众自然淳化;我喜好清静,民众自然无邪;我一事不生,民众自然富足;我的欲望是不欲,民众自然纯朴。

第五十八章　顺化

〔题解〕

本章河上公注本名“顺化”。文中首先指出政治清明，人民就淳朴；反之则狡猾疏离。然后说明祸福相依的道理。最后说明，理想的统治者（圣人）必须把握事物的辩证发展，从无为出发去调和而不是伤害民众。

其政闷闷，其民淳淳①；其政察察，其民缺缺②。

祸兮，福之所倚；福兮，祸之所伏③。孰知其极？其无正也④。正复为奇，善复为妖⑤。人之迷，其日固久⑥。

是以圣人方而不割，廉而不刿，直而不肆，光而不耀⑦。

〔注释〕

①闷闷（mènmèn）：昏昧不明，以示宽大。淳淳：敦厚淳朴的样子。

②察察：严苛烦琐，斤斤计较，似乎严密的样子。缺缺：疏远、浇薄、诈伪的样子。

③倚：靠着，挨着。伏：藏匿。这种祸福转换，韩非有所分析，可参看。

④孰：谁。极：至，标准。正：正确的定准。这是说谁知道他的终极标准呢？大概是没有一定的吧。

⑤正、奇，善、妖：两两相反，奇为邪歪不正，妖为不善之祥（妖祥），也就是恶。

⑥固：原本。这是说人们迷失大道的日子本来就很长了。

⑦圣人：帛书无此二字。方：方正有棱。方而不割：不因为方而切割，就是“大方无隅”。廉：棱角。刿（guì）：割，刺伤。廉而不刿：此盖古语，亦见于《荀子·不苟》，是说虽有棱角却不会刺伤。直：正直。肆：放肆。光：发光，光亮。耀：炫耀；夺目的光亮。这四句的句式为“甲而不乙”，其中乙是通常条件下甲事物所具有的性质，也是一般人所追求的境地；但是对老子所说的得道者而言，任何事物都不会炫耀这些性质，因为他是“为无为”。

〔译文〕

那政治浑浑宽大，百姓就自然淳朴；那政治严苛繁琐，百姓就疏远、浇薄。

灾祸啊，是幸福紧挨着的；幸福啊，是灾祸隐匿着的。谁知道这里的究竟？那没有个定准。正直又成为邪曲，善良又成为妖恶。人的迷惑啊，那日子本来就太久。

所以（圣人），方正而不会割破，有棱角而不会扎伤，正直而不会放肆，光明而不会夺目。

第五十九章　守道

〔题解〕

本章河上公注本名“守道”。文中强调一件事：“啬”是“治人事天”的根本法则。

治人事天，莫若啬[①]；夫唯啬，是谓早服[②]；早服是谓重积德[③]；重积德则无不克[④]；无不克则莫知其极[⑤]；莫知其极，可以有国[⑥]；有国之母，可以长久[⑦]，是谓深根固柢，长生久视之道[⑧]。

〔注释〕

①治人：统治、治理民众。事天：侍奉上天。莫若：莫过，没有什么能比得上。啬：节俭；爱惜；吝啬。

②夫唯：只有(那个)。早服：先得服侍天道。

③是谓：王弼本作“谓之”，据楚简本改。重(chóng)：重复，不断。

④克：胜。不断积聚德就能战胜一切。

⑤极：至极，穷极。

⑥有：领有，保有。这是说用无穷之道才能保有此国。

⑦母：根本，指道。这是说保有国家的根本之道，这才可以长久。

⑧深根固柢：使根基深固，不易动摇。柢（dǐ）：本义是树木的主根、直根。视：立，治。楚简、帛书句尾有“也”字。楚简句后有墨钉分断。

〔译文〕

治理人民，侍奉上天，没有什么比节俭、爱惜更好的了；只有这个节俭、爱惜，才能早日服侍天道；早日服侍天道，就能积聚德行；能积聚德行，就没有什么是不可战胜的；没有不可战胜的，那就没人知道他的终极；没人知道他的终极，就可以保有这个国家；保有国家的根本之道，就可以长治久安。这就是根深柢固，长存久立的道理。

第六十章　居位

〔题解〕

本章河上公注本名“居位”。文章以“治大国若烹小鲜”的妙喻，强调了不能扰民，无为而治。“帝力何有于我哉”，当然更不会伤人了。

治大国若烹小鲜①。

以道莅天下，其鬼不神②。非其鬼不神，其神不伤人③。非其神不伤人，圣人亦弗伤也④。夫两不相伤，故德交归焉⑤。

〔注释〕

①鲜：鱼。煎炖小鱼是不能乱动乱翻的，否则就会烂掉。治理大国也以安定不扰民为上。这是“无为而治”的妙喻。

②莅（lì）：临。等于《诗经》“上帝临女”之“临”。这是说用“道”治理天下，鬼神也不灵，没有神妙的作用。

③非：不是。

④“非其神”句：意谓并不是那神灵不伤害人，圣人也不伤害人，这全

是道的功效。弗伤也:王弼本作“不伤人”,据帛书改。

⑤两:指神与圣人。相:偏指人。相伤:指伤人。交:俱;皆。

〔译文〕

治理大国就像煎烹小鱼。

用道治理天下,那鬼怪也不神妙了。不是那鬼怪不神妙,是那神灵不伤害人。不是那神灵不伤害人,是圣人也不伤害人。神灵和圣人都不伤害人,道德全都归属于他们。

第六十一章　谦德

〔题解〕

本章河上公注本名“谦德”。这是老子对当时“国际政治生态”的看法。那就是起主导作用的大国应该雌柔谦下，这才能使大小国家和平共处，社会和谐。

大邦者下流，天下之牝，天下之交[①]。牝常以静胜牡，为其静也，故宜为下[②]。

故大邦以下小邦，则取小邦[③]；小邦以下大邦，则取于大邦[④]。故或下以取，或下而取[⑤]。故大邦者不过欲兼畜人，小邦者不过欲入事人[⑥]。夫两者各得其所欲，大者宜为下[⑦]。

〔注释〕

①邦：王弼本作“国”，据帛书甲本改，下同。下流：江河下游，水低下处。牝、交：王弼本位置相反，据帛书本改。牝：雌性。交：交汇；或云交媾。

②牡：雄性。牝常以静胜牡：是说雌性的静柔要胜过雄性的躁动。为其静也，故宜为下：王弼本作“以静为下”，据帛书本改。本句承前，要求以

雌柔谦下来处理天下大事，而绝不能贪欲躁动。大国尤其应该静柔谦下。

③故：所以。以：而，含假设意义。下：谦下，这里用作动词，对……谦下。取：有的本子作“聚”，亦通。这句的意思是说：所以大国如果对小国谦下，那就能取得小国的依附。

④取于大邦：被大国所取，也就是被大国接纳。这句的意思是说，如果小国对大国谦下，那就能取得大国的容纳。

⑤或：有的，前一个“或”指大国，后一个“或”指小国。下：谦下；屈下。以、而：同为连词，连接谓词性结构，但用传统的说法，“以”方而“而”圆。取：取得。前一个“取”指取得依附，后一个“取”指取得容纳。这是说大国能谦下来取得小国的依附，而小国用屈下来取得大国的容纳。

⑥故：据帛书本加。者：据帛书本加，下同。兼畜：等于说兼并，并吞。兼：合并，一起。畜：畜养。人：他人，指他国，小国。这是说大国只不过想兼并小国。入：等于说纳，（被）容纳。事：侍奉。人：他人，指大国。这是说小国不过只想被容纳而侍奉大国。

⑦两者：指大国与小国。下：指谦下。

〔译文〕

大国如同水的下游，是天下的雌柔母性，是天下的交汇之所。雌柔的静要胜过雄性的躁，因为柔静适于谦下。

所以大国用谦下对待小国，就取得小国（的依附），小国用谦下对待大国，就得到大国（的容纳）。所以有的谦下而取得（依附），有的谦下而取得（容纳）。大国不过是想合并畜养小国，小国不过是想顺从侍奉大国。它们都得到了所想要的，大国更合适于谦下。

第六十二章　为道

〔题解〕

本章河上公注本名“为道”。本章阐释道对治国的重要性，道能使得该来的来，该免的免，所以“坐进此道”要强过任何宝贝。

道者，万物之主①。善人之宝，不善人之所保②。

美言可以市，尊行可以加人③。人之不善，何弃之有④？故立天子，置三公⑤。虽有拱璧以先驷马，不如坐进此道⑥。

古之所以贵此道者何⑦？不曰求以得，有罪以免耶⑧？故为天下贵⑨。

〔注释〕

①主：主宰。王弼本作“奥”，据帛书本改。万物之主：万物的尊主。

②宝：珍宝。善人之宝：善人的珍宝。保：保全；保持。不善人之所保：道是不善的人得到的保护所。

③美言：美好修饰的言辞。市：交换，得到。尊行：高尚的行为。加：

加上;这里等于说驾凌、超越。

④“人之不善”句:这就像第二十七章言“圣人常善救人,故无弃人”。即使对不善者,也没有什么丢弃的。他们一样可以被道所化。

⑤公:帛书作“卿”,义通。三公:一般说是太师、太傅、太保。天子、三公都是教化治理百姓的。教化也就是行道。

⑥拱:两手合围。拱璧:两手拱抱的大璧。先:指在赠送礼物或赏赐时,用较轻者为引叫先。拱璧是聘问时先行致意的礼品。驷:同一车的四匹马。驷马为尊者所乘,此为礼品。实际本句是说即使有合抱宝璧先行致意,再送上驷马,也不如安坐而进奉这个大道更贵重。

⑦“古之”句:此用设问提出问题,古人把这个大道看得如此贵重的原因是什么呢?

⑧“不曰”句:这两句是回答前设问。求以得:王弼本作“以求得”,据帛书乙本改。“以”等于“而”,是连词。这是说古人尊贵这个道是因为善人求就能得到,不善人保有就能免罪吗?

⑨贵:跟本章开始的“主”相呼应。

〔译文〕

道是万物的尊主。是善人的珍宝,是不善人的依靠保护。

美好的言辞能换得一切,尊贵的行为能超过众人。人即使不善,又有什么可以抛弃的呢?所以立天子,设置公卿。即使用合抱宝璧先行致意,再奉上驷马的贵重礼品,也不如安坐而进奉这个道啊。

古人如此贵重这个道的原因是什么?不就是说,追求就能获得,有罪就能免除吗?所以是天下最珍贵的。

第六十三章　恩始

〔题解〕

本章河上公注本名“恩始”。这是继续论述“无为”，在困难面前，只要正确对待，终能免于难。这一章其中“报怨以德”关系到儒道之争。《论语·宪问》有：“或曰：‘以德报怨，何如？’子曰：‘何以报德？以直抱怨，以德报德。”有人以为，这里的“或曰”即引老子之言。

为无为，事无事，味无味①。

大小多少，报怨以德②。图难于其易，为大于其细③；天下难事必作于易，天下大事必作于细④。是以圣人终不为大，故能成其大⑤。

夫轻诺必寡信，多易必多难⑥。是以圣人犹难之，故终无难矣⑦。

〔注释〕

①为、事、味：第一个为、事、味为动词，为是去做、去进行，事是从事，

味是品味。第二个为、事、味是名词，“无为”即没有人为的目的，没有功利；“无事”即不生事，不滋事；“无味”即恬淡静泊。或云“为、无为，事、无事，味、无味”是正反三对并列词，犹下文之“大小、多少”。盖言其相反相成。

②大小多少：大起于小，多起于少。报怨以德：有人认为是错简，应在七十九章“和大怨，必有余怨”间；也有人认为是不管“大小多少”之怨，一律以德报之。楚简本本章此句为“大小之”，无“多少，抱怨以德……轻诺必寡信”五十一字。后文将解释。

③图：图谋，打算做。细：等于说小。

④作：兴作，开始。这两句是说（要做）天下的难事，必须从容易的开始，（要做）天下的大事，必须从小事开始。

⑤“是以”句：这是说圣人自然明了“为大于其细”的道理，所以不会贸然去“为大”。但圣人体道无为，自然会“为无为，事无事”，顺应自然而“成其大”。

⑥夫：发语词，表示要发议论。轻诺必寡信，多易必多难：这或许是当时的成语，轻易的允诺一定缺少信实；遇事便以为容易得很的，一定会碰到意料之外的困难。

⑦是以：因此。它承前，表明圣人因而也会对小事、易事谦下慎重。故：所以。这是事理的结果，所以最终会克服一切困难，圣人面前似乎永远是“无难”的。如前所述，本章楚简本没有“多少……必寡信”五十一字，也就没有题解所说的“报怨以德”这样导致儒道之争的句子。

〔译文〕

让“无为”去作为，让“无事”去从事，让“无味”去品味。

一切怨仇要以德相报。考虑难事要在还不难的容易之时，做大事要在还不大的细小之时；天下的难事一定从容易开始，天下的大事一定从细小开始。因此圣人始终不追求大事，所以能成就那大事。

轻易允诺的一定缺少诚信，凡事看得容易的一定会碰到困难。因此圣人都把它看得很难，所以最终就没有困难了。

第六十四章　守微

〔题解〕

本章河上公注本名“守微”。本章论述做事的准则，那就是抓住先机，慎终如始，无为无执。

其安易持，其未兆易谋[1]；其脆易泮，其微易散[2]。为之于其未有，治之于其未乱[3]。

合抱之木，生于毫末[4]；九层之台，起于累土[5]；百仞之高，始于足下[6]。

为之者败之，执之者失之[7]。是以圣人无为，故无败[8]；无执，故无失[9]。

临事之纪，慎终如始，则无败事[10]。人之败也，恒于其且成也败之[11]。

是以圣人欲不欲，不贵难得之货[12]；学不学，复众人之所过[13]。是以辅万物之自然，而弗敢为[14]。

〔注释〕

①其：指“圣人”所治的对象。安：安静，安稳，安定。持：掌握，保持。

兆：预兆、征兆；显示征兆，开始。楚简本为“其安也，易持也”，一句分为两句，其下三句同。

②脆：本指软柔，通常用其反义，脆弱。泮（pàn）：分解。微：小，近于无。楚简本“微”作“几”，意义相近。

③其：据楚简本加，下同。之、其所指相同。这是说做事要在还没有发生时进行，治理要在政治尚未混乱时进行。下面以事例喻此理。

④合抱：两臂合抱。木：树。毫末：毫毛尖端，喻细小。

⑤台：土筑的高台，多为游观。累：积累，堆积。

⑥百仞之高：王弼本作“千里之行”，据帛书本改。仞：古代长度单位，有七尺为一仞和八尺为一仞的不同说法。

⑦“为之者”二句：已见于第二十九章，或以为错简、衍文，但楚简、帛书已有。执：坚持，实即固执一己私见，所以会失去。两“之”字，据楚简、帛书加。

⑧是以：因此。此承前而释之，圣人不为了什么而作为，所以不会失败。

⑨“无执”句：这是说，没有偏执，所以不会失去。此句后王弼本有“民之从事，常于几成而败之”十一字，据楚简本改易位置。

⑩临事之纪：据楚简本加。纪：等于说法度、准则。临事之纪的意思是，临到做事时的准则（是）。慎终如始，则无败事：自始至终谨慎细微，自然无为，就不会失败。这跟前文一反一正。

⑪人之败也：是一个时间分句，人失败之时。且：将。恒于其且成也败之：总是在将要成功的时候失败。

⑫欲不欲：把不是贪欲当作欲望。贵：崇尚；重视；以为宝贵。“不贵难得之货”又见于第三章，下接“使民不为盗”。此则用以说明欲望为声色狗马货财之好而已。

⑬学不学：把“不学”当作学。复：回复，返本。复众人之所过：从众人

走过头的地方往回走。

⑭是以：王弼本作“以”，据楚简本增改。弗：王弼本作“不”，据楚简、帛书改。

〔译文〕

那安稳的局面容易保持，那没有征兆的时候容易合计；那脆弱的容易破碎，那细微的容易涣散。做事要做在它还没发生之前，治理要治在它还没混乱之前。

两臂合抱的大树，是从毫毛尖般的幼芽生出；九层巍峨的高台，是用块块泥土堆积起来；百丈之高的高度，是从脚下开始攀登。

有目的的作为必将失败，坚持执着也必失去。所以圣人“无为”也就没有失败；不坚持一己的执着也就不会失去。

即将做事时的准则是：如果自始至终谨慎，那就没有失败的事情。人们失败的时候，总是在即将成功的时候失败。

所以圣人把不贪欲当作欲望，不把难得的财货看得尊贵；把众人不学当作所学，回复他们走过头的路程。因此能辅佐万物的自然进程，而不敢去勉强作为。

第六十五章　淳德

〔题解〕

本章河上公注本名“淳德”。本章有人指为“愚民政策”。其实老子不过是以己度人，要求民众回复质朴，避开巧伪，享有玄德。

古之善为道者，非以明民，将以愚之①。

民之难治，以其智多②。故以智治邦，邦之贼③；不以智治邦，邦之福④。

知此两者亦稽式⑤。恒知稽式，是谓玄德⑥。玄德深矣、远矣，与物反矣，乃至大顺⑦。

〔注释〕

①为道者：指修道之士。明民：使民众聪明。愚之：使民众愚朴。愚可以是愚昧，实则为质朴、纯真，与“明”之文饰虚伪义相反。

②“民之难治”句：这是说民众的难治理，是由于智伪巧诈太多。

③贼：害。所以用智术治国，是国家的祸害。邦：王弼本作“国”，据帛书本改，下同。

④福:帛书作“德”,义通。

⑤两者:指上述以智治国与不以智治国及其后果。稽式:准则;法式。河上公本作“楷式”。楷,典则;式,法式,两字同义并用。稽乃楷之假借。

⑥恒:王弼本作“常”,据帛书本改。玄德:是老子常用语,用来形容上德的状态。恒常了解这一典则,就叫作玄德。

⑦深、远:这是描述玄德的状态。反:指返回本真纯朴。乃至:这就到达。王弼本前面有“然后”,据帛书本删。顺:指顺应自然,所谓“道法自然”。

〔译文〕

古来修道的人,不是用来使民众聪明,而是用来使民众愚朴。

民众的难以治理,是由于智术诈伪太多。所以用智术治理国家,是国家的祸害;不用智术治理国家,是国家的福德。

知道这两条的,也就是治国的典则。永远知道这典则,这就叫玄德。玄德又深又远,跟万物一起返回本真,这就到达最大的顺应自然。

第六十六章　后己

〔题解〕

本章河上公注本名“后己”。本章主要阐述无为而治的要点之一:处下不争。

江海所以为百谷王,以其能为百谷下,是以能为百谷王①。

圣人之在民前也,以身后之②;其在民上也,以言下之③。其在民上也,民弗厚也④;其在民前也,民弗害也⑤。天下乐进而弗厌⑥。以其不争也,故天下莫能与之争⑦。

〔注释〕

①江:长江。为:成为。王弼本前有“能”字,据楚简本删。能为百谷下:王弼本作“其善下”,据楚简本改。所以、以、是以:都用来强调因果关系。老子喜用水喻,其一就是趋下。谷已有虚受之德,何况作为“百谷王”的江海呢?

②圣人:王弼本作“是以”,据楚简本改。在民前:指位居民众之前。

以身后之：自身在民众之后。

③在民上：指统治民众。以言下之：是指用言辞对民众谦下。

④民弗厚：民众不感到重负。

⑤民弗害：民众不以为危害、妨害。

⑥乐进：乐于让他居于高位。

⑦这两句前文已有解释。按“圣人……与之争”，王弼本作“圣人欲上民必以言下之，欲先民必以身后之。是以圣人处上而民弗重，处前而民弗害。是以天下乐推而弗厌。以其不争，故天下莫能与之争”，据楚简本改。

〔译文〕

长江大海之所以能成为百川之王，是因为它善于处在下游啊，因此才能成为百川之王。

圣人要在民众之前，必须要置身于民众之后；要处在民众之上，必须在言辞上谦恭卑下。圣人处在上位，民众并不感到重压；圣人处在前面，民众并不感到危害。天下乐意拥戴而不厌烦。因为他不与人相争，所以也没谁能跟他争。

第六十七章　三宝

〔题解〕

本章河上公注本名“三宝”。帛书此章前与六十六章后插有八十、八十一两章。本章可以分两层,第一层次是说道是无限大,因而不跟一般的大相像。第二层次是说“三宝”,特别是“慈”的重要性。慈是发自内心的爱,是赤子之心的爱,所以必须保有它。保有它就能无往而不胜。这是老子针对“无义战”的时代所开的疗救之方。

天下皆谓我大,大而不肖[①]。夫唯不肖,故能大[②];若肖,久矣其细也夫[③]!

我恒有三宝,持而保之:一曰慈,二曰俭,三曰不敢为天下先[④]。夫慈,故能勇[⑤];俭,故能广[⑥];不敢为天下先,故能成事长[⑦]。

今舍慈且勇,舍俭且广,舍后且先,则死矣[⑧]。

夫慈,以战则胜,以守则固[⑨]。天将建之,以慈垣之[⑩]。

〔注释〕

①我大,大而不肖:王弼本作“道大,似不肖”,从帛书改。我:即道。肖:相似。大而不肖:即虽大而不似大。本书第二十五章言对道“字之曰道,强为之名曰大”。正因为“大”是“强为之名”,所以“大而不肖”,在大与不大之间。即不求大,不自大,故能成其大。

②夫唯:正因为。这是说正因为不像,所以才能大。

③“久矣”句:这是说如果与一般大物相像,那它渺小就长久了。“久矣”为“其细”的前置谓语,前置以加强感叹。“也夫”为语气词连用,肯定而带感叹。句式的变化体现了老子的感慨。

④恒:据帛书加。持而保之:等于说持之保之。这是说经久不变地保有这三件珍宝,永远把握而保持住。三宝:就是慈爱、俭啬、谦退。

⑤夫:表示要发议论,据帛书加。能勇:才能勇敢面对。

⑥广:扩大,多指国家天下。

⑦为:成为。成:成就。事:王弼本作“器”,据帛书本改。事长:事业之长官。

⑧今:表示假设。实为当时世人一般的取舍标准。且:转折连词,因上文为“舍”,其转折自然是“取”。则:据帛书本加。这是说当时人舍弃慈爱而要勇武,舍弃节俭而要广泰奢侈,舍弃甘居人后而要揣尖占先,这只能进入死境。

⑨“夫慈”句:这仍就战争生死来讲,两“则”构成对仗句。慈,用来打仗就胜利,用来防守就牢固。

⑩建:王弼本作“救”,据帛书本改。建:等于说立。垣:王弼本作“卫”,据帛书本改。垣:墙,是用来护卫的凭借。三宝之中,慈最重要,所以上天护卫谁,便用慈来护卫。

〔译文〕

天下都叫我(道)大,大却并不跟任何大相像。正因为不相像,所以才能大;如果相像的话,那早就渺小了啊!

我永远保有三宝,把握住,保有它们:一叫慈,二叫俭,三叫不敢成为天下先锋。慈,所以能勇武;俭,所以能扩大;不敢成为天下先锋,所以能成就事业之长。

如果舍掉慈而取勇武,舍掉俭而取扩大,舍掉后而取先进,那就死了。

慈,用它作战就胜利,用它防守就牢固。上天要护卫谁,就用慈来护卫他。

第六十八章　配天

〔题解〕

本章河上公注本名“配天”。文中指出“不争之德”才是战争的最高美德。只有不争，才能“用人”，“配天”——符合天人之际的要求。

古之善为士者，不武[①]；善战者，不怒[②]；善胜敌者，不与[③]；善用人者，为下[④]。是谓不争之德，是谓用人，是谓配天，古之极[⑤]。

〔注释〕

①古之：从傅奕本等加。盖老子托为古人之言。士：指武士，执干戈卫社稷的军官。武：本为武德，此指显示勇武。老子认为即使战争中的武士也不能穷兵黩武。这是老子对待战争的基本思想。

②怒：即所谓怒气冲冲，勃然大怒之怒。这是说善于作战的人，不会一怒之下丧失理智，更不会中计被敌人“激将法”之类的诡计所激怒。参见孙子“将有五危”。

③与：对付，争斗。所以孙子才重“庙算”——事先的决策，并且说：

"不战而屈人之兵,善之善者也。"

④下:谦下,等于"礼贤下士"的下。这是说善于用人的人,要谦下地对待所用的人。

⑤用人:王弼本后面有"之力"二字,据帛书本删。此承前总结说,这就叫作"不争之德"。它包含着前三句的"不武""不怒""不与"。这才能"用人",使人尽心竭力为我所用。"不争之德"出于自然天道,所以与天相匹。古:等于说天。极:准则、标准。古之极:等于说宇宙永恒的标准——这是对"不争"赞誉主题的重现。

〔译文〕

古代善于当武士的,不会显示勇武;善于指挥打仗的,不会受激发怒;善于取得胜利的,不会赤膊拼命;善于使用人才的,对人才自然谦下。这就叫不相争的盛德,这就叫真正的用人,这盛德就叫与天相配,是古今恒常的准则!

第六十九章　玄用

〔题解〕

本章河上公注本名“玄用”。这里仍然在谈用兵,强调的是慈爱——哀兵必胜。这样才能没有敌人,“无敌”自然就能胜。

用兵有言曰:“吾不敢为主,而为客①;不敢进寸,而退尺②。”是谓行无行,攘无臂,执无兵,乃无敌③。

祸莫大于无敌,无敌几丧吾宝④。

故抗兵相若,哀者胜矣⑤。

〔注释〕

①用兵有言:这是托古代用兵者之言,后面应是古兵家的话。当时,“春秋无义战”,列国诸侯之间战乱不已。老子对此反对、痛恨,所以反复阐述自己的观点。曰:据帛书加。主:指主动进攻的一方。客:指被动防御的一方。这是说不敢主动进攻别人,而是被迫防守还击。

②进寸:指进攻别国,即使攻入极小的领土,也是侵犯。退尺:指退守防御,即使被动要让出极大的领土,也要防御。

③行:行列阵势。第一个用如动词,排阵。行无行:是说排阵用不着

排兵布阵。攘：捋，揎。这里就是攘臂，今人所谓"撸胳臂挽袖子"准备动手。攘无臂：没有臂膀可捋。执：拿着（武器）。兵：武器。执无兵：没有武器可拿。乃：通"扔"，摧折。乃无敌：想攻击歼灭却没有敌人。今本多将"乃无敌"插于"执无兵"之前，本文据帛书改。

④几：近。宝：即第六十七章之三宝：慈、俭、不敢为天下先。这是说祸患没有什么比无敌更大的了，无敌几乎丧失了我的三宝。

⑤抗：举。若：王弼本作"加"，从帛书本改。相若：相似；相当。哀：通"爱"，慈爱。所以说举兵相当时，慈爱一方胜利。今多以哀伤解哀，"哀兵必胜"多如此解。但非古训。

〔译文〕

用兵的人说道："我不敢主动发动进攻，而是被动采取守势；我不敢夺取人家一寸土地，而甘愿退守一尺！"这就是说，排开的是没有兵卒行列的阵势，举起的是没有臂膀的胳膊，拿动的是没有兵戈的武器，摧毁的是没有敌人的对手。

祸患没有比没有敌人更大的了，没有敌人那就几乎丧失我的三宝。

所以举兵相当的时候，哀悯慈悲的一方胜利。

第七十章　知难

〔题解〕

本章河上公注本名“知难”。老子在这里感慨世人不了解自己的主张,圣人虽然怀藏宝玉,但那“被褐”的外表却引不起世人的重视。

吾言甚易知,甚易行①;而天下莫之能知,莫之能行②。

言有宗,事有君③。夫唯无知,是以不我知④。

知我者希,则我者贵⑤。是以圣人被褐而怀玉⑥。

〔注释〕

①言:学说,理论。这是说老子认为自己的学说本来很容易了解,很容易实行。

②之:据帛书本加,指代动作行为的对象。这是说天下却没人了解它,没人实行它。“甚易”和“莫能”形成极大反差。世风日下,无人识宝,徒生感叹。

③宗:宗主。君:君王,等于说主。宗、主二字,互文同训;“言”“事”则

承章首“言”“行”而言。两字都是指道,这是老子学说的中心主干,也是化生世界,支配人事的主体。

④夫:发语词。唯:加强判断。无知:主体是世人,对象是老子之道。由于世人的无知所以不了解老子之道。

⑤希:同“稀”。则:效法。是说了解我的人少,效法我的人可贵。

⑥被:披。褐:由麻枲(xǐ)所制成,粗重无比,为奴隶贫民所穿。被褐:比喻圣人外表谦下柔退。怀玉:比喻圣人胸怀大道。圣人与卑贱者外表无别,而心中存赤子之真,实与道相同。

〔译文〕

我的学说很容易了解,很容易施行;天下却没有人能了解它,没有人能施行它。

学说有宗旨,行事有统领。不了解这宗旨要领,因此才不了解我。

了解我的人稀少,效法我的人可贵。所以圣人外穿卑贱的麻片,胸怀珍贵的宝玉。

第七十一章　知病

〔题解〕

本章河上公注本名“知病”。本章可认为是泛论知,老子强调应知道自己“不知”,这才没有强不知以为知的毛病。

知不知,上①;不知知,病②。是以圣人不病,以其病病,是以不病③。

〔注释〕

①知不知:知道自己有所不知。上:崇尚;值得崇尚。

②不知知:有所不知却以为知。病:(有)弊病,毛病。

③是以:据帛书本加。王弼本前面有“夫唯病病,是以不病”八字,据帛书本删。老子说因此圣人不犯弊病,是由于他“病病”,把弊病当作弊病,所以没有弊病。

〔译文〕

知晓自己有所不知,这是值得崇尚的;不知晓却自以为知晓,这是犯了弊病。圣人之所以不犯这弊病,是由于他把弊病当成弊病,所以才不犯这弊病。

第七十二章　爱已

〔题解〕

本章河上公注本名“爱已”。其内容第一说明不能对民众采用威权高压政策，而应改善其生存环境和条件，这才能使民众相信。第二论述理想的统治者应该自知、自爱，而不能自见（现）、自贵。马叙伦以为第二点与前面无关，应别为一章。

民之不畏威，则大威将至①。毋狭其所居，毋厌其所生②。夫唯弗厌，是以不厌③。是以圣人自知不自见，自爱不自贵。故去彼取此④。

〔注释〕

①之、将：据帛书本加。威：威严，威仪；威权，威力。至：通“止”，阻止。这是说当民众不怕威权的时候，大的威权就将受到阻止。

②毋狭：王弼本作“无狎”，据帛书本改。毋：别，不要。狭：使……狭小、窘迫。其：当指民众。所居：居所，比喻生存环境。厌：通“压”，压迫，压榨。生：民生，指民众的生存环境。这里老子说，不要使民众的生存空间窘迫，不要降低民众的生活条件。

③弗:王弼本作“不”,据帛书本改。弗厌:不自己压榨自己。后一个“厌”可释为厌恶。盖“厌”字多音多义,一字多解,是文字游戏,也是思维练习。

④自知:指自知之明。对道的体察只能靠自己的直觉领悟,而不能向外界寻求。自见:即自现,显示自己,自我夸耀。自爱:自己珍惜自己,爱身爱生,引申为高贵。圣人“被褐怀玉”,当然不会自我炫示、高高在上,这就是“不自贵”。去:离去,与“取”相对,等于说舍弃。彼:那,指世人自见、自贵。此:这,指自知、自爱。

〔译文〕

民众若不畏惧威权,那么大威权就将阻止。不要窘迫他们的生存空间,不要压榨他们的生活受用。正因为自己不压榨自己,所以也不会厌恶。所以圣人有自知之明,而不自我显示夸耀,有自我珍爱,而不自我显赫高贵。所以舍弃后者而获取前者。

第七十三章　任为

〔题解〕

本章河上公注本名“任为”。这是对那些“勇敢分子”的抨击,他们是上天所厌恶的。接下去阐释天道不争,虽然虚空无形,然而“天网恢恢,疏而不失”。

勇于敢则杀,勇于不敢则活①。此两者,或利或害②。天之所恶,孰知其故③?

天之道,不争而善胜,不言而善应,不召而自来,绰然而善谋④。

天网恢恢,疏而不失⑤。

〔注释〕

①勇、敢:二字同义,但“勇”侧重于心气,“敢”则注重行动,所以有冒险、冒昧等义。老子巧妙利用这对同义词,将“敢”定义在无所畏惧、冒死直前的行为上。敢死即舍生,结果当然是被杀,所谓“坚强者死之徒”也。反之即可求活,所谓“柔弱者生之徒也”。

②或:有的。句义是,这两种勇气,有的有利,有的有害。

③孰:谁。句意是上天所厌恶的,谁知道那是什么缘故。老子“天之所恶”指代什么并未明言,从全文看当为“勇于不敢”。但世人往往趋利反遇害,趋害而得利,这是他们不了解天道运行的规律,所以老子感叹“孰知其故”。故:指终极之道,万事万物总的规律。王弼本句后有“是以圣人犹难之”,但严遵本、帛书本均无此句,所以删去。

④天之道:也就是自然之道,它的胜利是自然而然的,因为它有不争之德。不言、不召:从言行两个角度具体说“不争”。召:同“招”。不召而自来:上天育养应和万物,四时代序,自然运行。繟(chǎn):宽缓;舒缓。帛书作“弹”“单”,通“繟”。有容乃大,无钩心斗角的小肚鸡肠这才是大谋略。

⑤恢恢:宽宽绰绰的样子。所谓“吞舟是漏”,也就是下句之“疏”。疏:疏阔、分疏、疏记。用恢恢、疏阔形容“天网”,也就是天道无形,但其作用却是“不失”——笼罩万物,包罗万象。对于那些“天之所恶”的“勇敢”分子,报应是“不召而自来”的。

〔译文〕

如果勇敢赴死,那就会丧生;如果勇于无为,那就会生存。这两种勇,有的有利,有的有害。天道厌恶的,谁知道它是什么缘故?

天的规律是,不争斗而善于获胜,不言说而善于应和,不招集而自然到来,从容坦荡善于谋划。

天网宽广无际,疏阔却没漏失。

第七十四章　制惑

〔题解〕

本章河上公注本名“制惑”。本章的“民恒且不畏死，奈何以死惧之”，说出了严刑峻法的破产。生死本是天意，“司杀者”不过是替天行道罢了。如果谁想超越于此，谁想成为刽子手，这就意味着他先伤残自己的双手。

若民恒且不畏死，奈何以死惧之①？若使民恒且畏死，而为奇者，吾得而杀之，孰敢②？

若民恒且必畏死，则恒有司杀者③。夫代司杀者杀，是谓代大匠斫④。夫代大匠斫者，希有不伤其手矣⑤。

〔注释〕

①若：表示假设。若、恒且：王弼本无，据帛书本加，下同。恒：恒常。且：将。奈何：怎么能。这是说如果民众常常不怕死，那怎么能拿杀人来让他们害怕呢？任何一部国家机器要运转下去，统治者必须保障被统治者活下去。即使奴隶主也得让众多奴隶活下去，他才能驱使奴役。如果

下层民众无法谋生,那只能和上层拼个鱼死网破,这意味着整个国家的崩溃。史官出身的老子对三代兴亡有着透彻的了解,所以才会得出这个带普遍性的有预言性的结论:连最严酷的死亡都不能使民众畏惧,统治者手中的大棒举得再高又有什么用呢?绝望者的回答只能是整个社会的灭亡。

②奇:奇诡,邪僻,即违反清静无为的正道而“勇于敢”的人。得:能。王弼本“得”字后有“执”字,据帛书本删。这是说如果民众一直怕死,对那些不走正道的邪僻家伙,我就能抓住他杀死他,那还有谁敢不走正道。要使民“畏死”,那就要让民众有生的留恋,也就是说,民众不仅能生活下去,而且还要生活得不错。

③则:王弼本无,据帛书本加。恒:王弼本作“常”,据帛书本改。司杀者:即主管刑法执刑的官员(也指天道)。王弼本作“司杀者杀”,“杀”字据帛书本删。这是说如果民众经常怕死,那么一向就有主管诛杀的官员代表天道。

④大匠:木匠头儿,比喻“司杀者”。匠字从斤,本指木匠,所以后面说“斫”,用斧斤击砍(木头)。这是说代替主管诛杀的去杀,这就像代替大木匠去砍削。

⑤夫:发语词。希:同“稀”。这是说如果代替大木匠砍削的话,那么很少有能不砍伤自己手的。君主将诛杀之权,归之于上天。实际则委之于有司,不必越俎代庖。有司之错,君上可平反;君上代庖,则无可委卸,只能下罪己诏,那就伤及自身了。总之,这是反对严刑峻法,以苛察为明的治国之道。

〔译文〕

如果民众经常不怕死,怎么能用死来让他害怕?如果让民众经常怕死,那么对那些邪僻妄为之徒,我就能抓来杀掉,谁还敢胡闹？

如果民众经常怕死，那么（说明）一直有执掌诛杀的官员。代替主管诛杀的去杀，就像代替大木匠去砍削。代替大木匠去砍削，很少有不砍伤自己手的。

第七十五章　贪损

〔题解〕

本章河上公注本名“贪损”。本章继续强调统治者不能为了自己的奢侈逸乐而大征苛捐杂税，也不能为了自己的“大有作为”而折腾民众。这样民众才能不“轻死”，才能“贵生”。

民之饥，以其上食税之多，是以饥①。
民之不治，以其上之有为，是以不治②。
民之轻死，以其上求生之厚，是以轻死③。
夫唯无以生为者，是贤于贵生④。

〔注释〕

①其上：指统治民众的人。食税：指依靠赋税。这是说民众的饥饿，是由于在上者赋税太多，横征暴敛，以满足私欲，因此民众才饥饿。

②不：王弼本作“难”，据帛书本改。治：太平。不治：乱。这是说国家不太平，民众大乱，是由于君上急功近利，太想大有作为，对民众横加干涉，役使无度，结果把民众折腾得受不了了，所以大乱。

③轻死：看轻死亡，等于上章的“不畏死”。以：引进原因。民众对死

亡不惧怕,这是因为在上者“求生之厚”,追求生活的极度优厚。民众与其成为饿殍冻尸,不如拼死抗争,这就是“民不畏死”“轻死”的原因。

④夫唯:加强判断推理。以:拿、用、把。为者:指有功利目的的作为者。以生为者:即把生活当作功利目的的人。贤:胜过。贵:以……为贵。只有不追求功利生活的人,这才超越了活得高贵的人。

〔译文〕

民众饥饿,是由于上头索要征敛太多,所以才饥饿。

民众大乱,是由于上头为了欲望作为太多,所以才大乱。

民众看轻死亡,是由于上头追求生活优厚太重,所以才看轻死亡。

只有不追逐功利生活的人,才比过于看重自身的人更高明。

第七十六章　戒强

〔题解〕

本章河上公注本名“戒强”。这是阐释“弱者道之用”的。本章告诉我们，柔弱者才能发展壮大，而“坚强者”却是“死之徒”。

人之生也柔弱，其死也坚强①。万物草木之生也柔脆，其死也枯槁②。故曰：坚强者死之徒，柔弱者生之徒③。

是以兵强则不胜，木强则烘④。强大处下，柔弱处上⑤。

〔注释〕

①人之生也柔弱，其死也坚强：人活着身体柔弱，人死了就是坚硬的尸体。

②柔脆：等于说柔弱。枯槁：草木枯萎。接下去由人说到万物，以草木为例，初生的幼芽幼苗是柔弱的，秋冬凋零而死是枯萎的。

③曰：王弼本无，据帛书本加。徒：类，同类。所以说，坚强的是死亡

的一类,柔弱的是生存的一类。

④烘:王弼本作“兵”,据帛书本改。烘:烧燎。句意为:所以用兵强暴就不会胜利,树木壮大就会烘烧。

⑤强大处下,柔弱处上:老子认为强大应处于下风,所谓日中则昃,走向衰亡;柔弱处在上风,生机勃勃,未来无限。

〔译文〕

人生存着身体柔弱,人死亡了筋肉坚硬。万物草木生长着形体柔弱,死亡了形体枯萎。所以说:坚硬的属于死亡一类,柔弱的属于生存一类。

因此用兵强暴就不会获胜,树木壮大就会烘烧。强大走向下风,柔弱走向上风。

第七十七章　天道

［题解］

本章河上公注本名“天道”。文中说明天道是一种均衡：损有余以补不足；而人间所奉行的却是逆天道的“损不足以奉有余”。只有有道的圣人才能仿效天道，无为而治。

天之道，其犹张弓与[①]？高者抑之，下者举之[②]；有余者损之，不足者补之[③]。

故天之道，损有余而补不足[④]；人之道，则不然，损不足以奉有余[⑤]。

孰能有余以奉天下？唯有道者[⑥]。

是以圣人为而不有，功成而不处，若此，其不欲见贤[⑦]。

［注释］

①张弓：把弓弦绷到弓上，拉弓。与：语气词，表感叹。天道幽深，玄之又玄，老子用“张弓”来比喻。

②抑:压。这是说弓弦要高了(高者)就要往下压,弓弦低了(下者)就要往上抬,以保持弓弦在弓的正中。

③有余:指长。损:减损。这是说弓弦长了(有余者)要去掉,弓弦不够长(不足者)要加上,以保证弓弦长短合适。

④故:王弼本无,据帛书本加。所以说天道自然,寻求均衡,用减损多的补充不够的来维持动态平衡,有如大自然的生物链一样,环环相扣,生生不息。

⑤不然:不是这样。奉:进献。承前叙说人道对天道的异化逆反。而人类社会却不是这样,多的越多,少的越少。社会总是从少得可怜者身上压榨最后的血汗来奉献给财货多得发愁的人。

⑥能:有能力做到。有余:是“以”的前置宾语。谁有能力拿“有余”奉献给天下?只有有道的人。这其实是春秋战国时许多学者的共同看法。

⑦圣人:也就是明君。有:专有,领有。若此:王弼本无,据帛书本加。见:通“现”,显现,表现。

〔译文〕

自然天道,不就像把弦绷在弓上吗?弦位高了要压低它,弦位低了要抬高它;弓弦长了要减短它,弓弦短了要加长它。

所以自然天道是:减损多的来补足少的;社会人道却不是这样:减损少的来奉献给多的。

谁能拿多的来奉献给天下?只有有道的人。

因此圣人施为却不图报,成功却不居功,他这是不愿显示自己的贤能。

第七十八章　任信

〔题解〕

本章河上公注本名“任信”。这是继续谈“弱者道之用”。老子用他所喜欢的水为喻，指出水的攻坚能力是“莫之能胜”的。可惜，世人泛泛而“知”，却不能“行”。然后老子指出国君应该谦下，“受邦之垢”，“受邦之不祥”，才能成为江山社稷的主人。遗憾的是，世人却认为这是反话。

天下莫柔弱于水，而攻坚强者莫之能胜，以其无以易之①。

弱之胜强，柔之胜刚，天下莫弗知，莫能行②。

是以圣人云：“受邦之垢，是谓社稷主③；受邦之不祥，是谓天下王④。”正言若反⑤。

〔注释〕

①以：引进原因。王弼本无，据帛书本加。无以易之：有两种解释，一是“无所以易之”的简略。二是“以无易之”的词序变换，“以”义为凭借，拿、用。无：指无形，即水没有固定的形体。易之：改变它。这是说天下没

有什么比水更柔弱、更流动无形的了，但柔能克刚，攻治坚硬顽强的东西没有什么能胜过它，因为它实在是不可替代的（没有什么能代替它）。

②莫：没有谁。弗：等于说不之。王弼本作“不”，据帛书本改，下同。这是说弱、柔、新生的东西总要战胜强、刚、衰老的东西。这既是老子的“道用”学说，也是自然界和人类社会中屡见不鲜的事实。看到了，了解了，似乎天下没有谁不知道这一道理。但真正理解并运用它、实践它的人却几乎没有，所以老子慨叹“莫能行”。

③邦：王弼本作“国”，据帛书甲本改，下同。垢：污垢；耻辱。社稷主：指诸侯国的君主。

④不祥：不吉，比垢更严重。天下王：指天子。

⑤正言若反：一是由于“反者道之动”；二是许多君王会把它当成反话，其实是正确的治国方略。

〔译文〕

天下没什么比水更柔弱了，可是攻治坚硬却没什么能胜过它。因为无形的水变化了一切。

弱小胜过强大，柔软胜过坚硬，天下没谁不知道它，没谁能施行它。

所以圣人说道：“承受国家的污垢，这叫作国家的君主；承受天下的不吉，这叫作天下的君王。”正确的主张听来像反话。

第七十九章　任契

〔题解〕

本章河上公注本名“任契”。其意义有三：一、老子主张“报怨以德”。但是调和大怨不能仅靠德，还要靠善。二、圣人的恩德不是施舍，所以是不要求回报的；只有“无德”之君才会苛捐杂税以求奢华。三、天道没有偏私，只给善人。这是古代的经典之言。

和大怨，必有余怨，安可以为善①。

是以圣人执右契，而不责于人②。故有德司契，无德司彻③。

天道无亲，常与善人④。

〔注释〕

①和：调和，和解。老子是主张“报怨以德”的（第六十三章），这同孔子“以直报怨”不同。但因是“大怨”，即使以德相报，予以和解，一定会有“余怨”。安：帛书作“焉”，义同。有二解，一是相当于“于之”“于是”，承接前文，大怨化小，于是可以用善行去感化。二是相当于“哪儿”“奈何”，

表反问,既然仍有“余怨”,一般人便会怀疑,怎么能行善呢?

②契:古代刻木为契,作为债务文书,中有齿牙状,债权人一半,债务人一半,清偿时拼合验契。右契:王弼本作“左契”,据帛书本改。古以右为尊,所以右契为债权人所立,这是说圣人为尊。不过圣人虽执此债契,却并不要求对方清偿。责:索求还债。只有有德的人才能掌管这种契约文件来治理天下。

③故:据帛书本加。司:执掌。彻:古代十分取一的税制,此泛指租税。这是说“无德”者只能掌管赋税聚敛罢了。

④“天道”两句:为古语,见《金人铭》。亲:私亲。有亲必有疏,所以“天地不仁”,“天道无亲”。与:赞。无情无私的天道只赞同善人。

〔译文〕

调和深仇大怨,一定有残余积怨,于是可以用德行善。

因此圣人手拿索债凭证,却不向人索求。所以有德的人才能掌管借据,无德的人只能征敛赋税。

天道自然没有私亲,它永远赞同善人。

第八十章　独立

〔题解〕

帛书本章与第八十一章次于第六十六章之后。本章河上公注本名“独立”。本章是老子心中的理想社会，也就是人类社会的童年时代。“小邦寡民”不过是原始氏族、部落联盟的美化。但是无论东方还是西方，都有人把这样的世界看成“黄金时代”。老子希望人们能永远保留这种和平安乐。

小邦寡民，使有什伯之器而不用，使民重死而不远徙①。虽有舟舆，无所乘之②；虽有甲兵，无所陈之③；使人复结绳而用之④。

甘其食，美其服，安其居，乐其俗⑤，邻邦相望，鸡犬之声相闻，民至老死不相往来⑥。

〔注释〕

①邦：王弼本作“国”，据帛书甲本改。什伯：十倍百倍的效益。帛书本作“十百人”，即顶十个、百个人，义通。重：看重。重死：看重死亡。徙：迁移。本章是老子心目中的至德之世，实际是人类童年社会的描绘。国

家要小，人口要少，让民众虽有提高工效十倍百倍的器械却不去使用，使民众看重死亡而不离开故土把家搬到远方。小邦寡民固然是小生产者的梦想，但也是远古人群的实况。如前所述，唐尧“协和万邦”（《尚书·尧典》），夏“禹会诸侯于涂山，执玉帛万国”（《左传》）。就是周初也有一千七百七十二国（见《荀子》《礼记》等书）。《战国策·赵策三》说：“古者四海之内，分为万国。城虽大，无过三百丈；人虽众，无过三十家。”这些都是“小邦寡民”的例证。

②舟：船。舆：帛书本作“车”，义同。即使有车船等交通工具，但却没有乘坐的用处：民众不往远走，用它干吗？

③甲：盔甲之类防御性武器。兵：兵器，矛戟之类进攻性武器。陈：陈列，摆出来。即使有盔甲兵刃，也没有摆出来用的地方；和平而没有战争。百姓安乐，没有争斗机谋，没有纷扰纠缠。

④复：回复，重新。结绳：指在有文字之前用绳子打成颜色、大小、方式不同的绳结来传递、保留信息。这是老子要求在有文字之后却不用文字治理，重新回到结绳时代。据《周易·系辞》，结绳而治是在伏羲画八卦之后的事。相当于今人所认为的史前社会。

⑤甘：以……为甘甜。美：以……为美丽。安：以……为安逸。乐：以……为快乐。自己的食物吃着香，自己的衣服穿着美，自己的屋子住得安逸，自己的习俗过得快乐。

⑥相望：互相能看见。国与国相邻都能望见，鸡狗叫的声音也能听到，而民众直至老死也不相互来往。——老子对货币有天生的厌恶。儒家有大同，陶潜有桃花源，本章描绘的即老子的理想之世，淳古之风。

〔译文〕

狭小的国家有很少的国民，即使有工效十倍百倍的器械也不用，让百姓看重死亡而不远行。即使有车船交通工具，也不乘坐;即使有盔甲兵刃,也不摆弄上阵;让人们回到结绳而治的时代。

自己的食物吃着甘甜,自己的衣服穿着漂亮,自己的屋子住得安逸,自己的习俗过得快乐。邻近的国家互相能望见,鸡狗的叫声彼此能听到,民众到老死也不相互来往。

第八十一章　显质

〔题解〕

本章帛书与第八十章位于第六十六与第六十八章中间。本章河上公注本名“显质”。本章先对“信言”“善言”,“善者”“多者”,“知者”“博者”这三对言论和人士进行否定式的描述。其语句是“甲 NP 不乙,乙 NP 不甲”(NP 表示名词性短语,甲、乙则是两种相反的性质,乙可以写成甲,即负甲)。我们已经多次列举老子所喜欢使用的种种句式,通常都是相反相成的。这也是老子思想语言结构的一种模式。接着,老子阐释了圣人“无积”的处世态度,这正是人道效法天道不争的结果。

信言不美,美言不信①。

善者不多,多者不善②。

知者不博,博者不知③。

圣人无积,既以为人,己愈有④;既以与人,己愈多⑤。

故天之道,利而不害⑥;人之道,为而弗争⑦。

〔注释〕

①信言:真实的话。美言:美饰之词。信:诚实不欺。句意为:信实的话不漂亮,漂亮的话不信实。

②多:王弼本作“辩”,据帛书本改。多:称赞。句意为:良善的不称赞,称赞的不良善。

③知者不博,博者不知:智慧的不博杂,博杂的不智慧。一般的学习要广博,但学道的大智慧是“若拙”的。

④无:王弼本作“不”,据帛书本改。积:聚积,积蓄。既:已经。以:以之。为:做。为人:给人家做,帮助人。己:自己。圣人没有什么积聚,已经给人家忙活了,自己更富有。

⑤与:给。已经送给人家了,自己更多。老子清静无为,反对功利,反对国君聚敛,主张慈、俭。

⑥故:王弼本无,据帛书本加。所以上天自然之道,对万物有利而无害。

⑦人:王弼本作“圣人”,据帛书本改。弗:王弼本作“不”,据帛书本改。人道仿效天道无为,做了很多而没有争夺。

〔译文〕

诚信的话不漂亮,漂亮的话不诚信。

良善的不称赞,称赞的不良善。

智慧的不博杂,博杂的不智慧。

圣人没有积聚,已经给人家做了,自己更富有;已经送给人家了,自己更增多。

所以上天自然之道,有利而不会有害;人间唯一正道,作为而不去争夺。